墨香财经学术文库
“十二五”辽宁省重点图书出版规划项目

威权领导与组织创新

多视角审视

Authoritarian Leadership and Organizational Innovation
A Multi-Perspective View

王磊 著

东北财经大学出版社 大连
Dongbei University of Finance & Economics Press

图书在版编目（CIP）数据

威权领导与组织创新：多视角审视 / 王磊著. —大连：东北财经大学出版社，2023.4
（墨香财经学术文库）
ISBN 978-7-5654-4824-9

Ⅰ.威… Ⅱ.王… Ⅲ.组织管理学 Ⅳ. C936

中国国家版本馆CIP数据核字（2023）第062458号

东北财经大学出版社出版发行
大连市黑石礁尖山街217号 邮政编码 116025
网 址：http://www.dufep.cn
读者信箱：dufep @ dufe.edu.cn
大连图腾彩色印刷有限公司印刷

幅面尺寸：170mm×240mm 字数：166千字 印张：11.5 插页：1
2023年4月第1版 2023年4月第1次印刷
责任编辑：刘慧美 责任校对：方 澄
封面设计：原 皓 版式设计：原 皓
定价：46.00元

教学支持 售后服务 联系电话：（0411）84710309

如有印装质量问题，请联系营销部：（0411）84710711

本书为国家自然科学基金面上项目（72072027）、教育部人文社会科学研究青年基金（19YJC630168）的阶段性成果

前言

自改革开放以来，中国不断焕发新颜。党的二十大报告指出，要坚持以推动高质量发展为主题，实现中国式现代化，其中“创新”承担着第一动力的作用。在由传统向现代转型的过程中，中国人的心理、价值观与行为也在发生巨大的变迁，中国人的行为应当如何与现代化所需要的“创新”相适应？这是我多年来一直苦苦思索的一个宏观问题。自2011年起，我便开始接触基于中国传统文化的本土领导力研究，其中威权领导一直是我关注的一个重点。然而，这十余年以来，我却见证了威权领导日益“污名化”的过程。威权领导已然成为最具争议的本土领导理论之一。

究其原因，一方面在于，在现代化转型的过程中，越来越多的新生代人群期待着被尊重、期待着自主和被授权，这使得整个中国社会的权力距离在不断缩小，威权领导可以施展的空间逐渐被压缩；另一方面也在于，威权领导这一构念本身存在先天缺陷，学术界往往简单地将单维度的、包含很多负面含义的威权领导视为威权领导这一现象的全部，这就不免让人们产生了对威权领导的偏见。事实上，威权领导在中国的组织机构中仍然大量存在。我持续思考的是，在中国式现代化的过程中，什么会发生变化？什么又不会改变？如同霍夫斯泰德（2010）在其著作《文化与组织：心理软件的力量》中所言："变化在表层蔓延，更深的层面却保持着稳定，文化就像不死鸟一样从灰烬中浴火重生。"历经数千年文化浸淫的威权领导在中国式现代化的过程中会以什么样的形态"浴火重生"？又如何与"创新"这个第一动力相适应？在上述宏观问题之下，本书尝试通过微观角度诠释威权领导与组织创新之间的关系，以期为中国式现代化转型提供参考。

本书紧紧围绕着威权领导双元特色的"尚严领导"与"专权领导"来从个体和团队层面探求它们与创新之间的差异化关系与作用机制。本书通过实证研究发现，尚严领导和专权领导大多显示出差异化的作用结果，其中强调对任务高标准、严要求的尚严领导会对个体创新与团队创新产生积极的影响，而强调对下属进行控制的专权领导则会显示出对个体创新与团队创新的消极影响。这意味着，即使在整个社会权力距离不断缩小的今天，威权领导中尚严领导的元素依然能够有效促进组织发展。这也提醒我们，将威权领导简单化理解有可能会带来偏差，这将不利于实践经验的积累与运用。本书还通过自我决定视角、团队冲突视角、团队创新过程视角以及团队目标导向视角来多层面、立体化地看待双元威权领导影响个体与团队创新的运行逻辑，期待能够为打开威权领导与创新之间关系的"黑箱"提供一把钥匙。当然，书中难免有不当之处，随时欢迎同仁们批评指正！

本书为国家自然科学基金面上项目（72072027）、教育部人文社会科学研究青年基金（19YJC630168）的阶段性成果。感谢东北财经大学出版社的各位编辑为本书付梓所作出的种种努力。期待本书的出版为早日实现中国式现代化提供参考与借鉴。

王　磊

2022年12月于师行阁

目录

1 绪论 / 1

1.1 研究缘起 / 1

1.2 本书的切入点 / 2

1.3 研究框架 / 4

2 中国情境下家长式领导与员工效能元分析 / 7

2.1 理论与假设 / 9

2.2 研究方法 / 15

2.3 元分析结果 / 17

2.4 讨论 / 25

2.5 本章小结 / 28

3 威权领导与组织创新的理论演进 / 29

3.1 威权领导内涵的演化 / 31

3.2 威权领导的测量 / 36
3.3 威权领导的触发因素 / 41
3.4 威权领导的影响结果、作用机制及边界 / 43
3.5 威权领导与组织创新之间的关系 / 49

4 自我决定视角下双元威权领导对员工创新行为的影响机制研究 / 53
4.1 概念模型与研究假设 / 53
4.2 研究设计 / 61
4.3 研究结果 / 63
4.4 本章小结 / 66

5 冲突视角下双元威权领导对团队创造力的影响机制研究 / 69
5.1 概念模型与研究假设 / 69
5.2 研究设计 / 78
5.3 研究结果 / 80
5.4 本章小结 / 85

6 过程视角下双元威权领导对团队创新过程的影响机制研究 / 88
6.1 概念模型与研究假设 / 88
6.2 研究设计 / 97
6.3 研究结果 / 99
6.4 本章小结 / 103

7 目标导向视角下双元威权领导对团队双元创新的影响机制研究 / 105
7.1 概念模型与研究假设 / 105
7.2 研究设计 / 113

7.3 研究结果 / 114
7.4 本章小结 / 119

8 结论与讨论 / 121
8.1 主要结论 / 121
8.2 讨论 / 123

主要参考文献 / 128

索引 / 159

附录1 / 162
企业研究调查问卷（员工评价问卷） / 162
企业研究调查问卷（领导评价问卷） / 167

附录2 / 169
企业研究调查问卷（员工评价问卷） / 169
企业研究调查问卷（领导评价问卷） / 172

1 绪论

1.1 研究缘起

在百年未有之大变局的全球背景下，创新在当今社会的重要性不言而喻。党的二十大报告强调“创新是第一动力”，要“坚持创新在我国现代化建设全局中的核心地位”。在日趋复杂多变的组织情境下，“不创新就死亡”（Drucker，1980）的观念早已深入人心，如何更好地实现组织创新始终是摆在学术界和实践界人士面前的一项重要课题。

对于组织创新而言，创新的起点在于个体首先产生新颖且实用的创意，即创造力（Amabile，1988），之后再实施这些创意，通过不断汇聚进而实现团队创新，最终对整个组织创新和组织竞争力产生重要影响（Woodman、Sawyer和 Griffin，1993）。其中，在对创新过程的影响上，作为组织资源分配者和氛围塑造者，领导者的角色至关重要。在中国文化情境下，家庭作为几千年来中国最主要的基本建制单位，对中国人的心理和行为约束具有重要的影响。作为本土心理学运动的代表理论，家长式领导理论（樊景立和郑伯埙，2000；郑伯埙等，2000；郑伯埙等，2003）得到了理论界和实践界的高度关注，其中强调领导者绝对权威和要求服从的威权领导（authoritarian leadership）是其最为清晰鲜明的一个元素（周婉茹等，2014）。大量研究表明：强调严明纪律与权威控制的威权领导广泛存在于中国的本土组织中（郑伯埙，1995；樊景立和郑伯埙，2000；郑伯埙等，2003）。伴随着企业现代化转型，威权领导的有效性引起学术界的热议。当前关于威权领导的有效性存在两种观点，一种观点是将威权领导视为一种独裁专制的消极领导方式，甚至有研究提议不应该将威权领导纳入领导的概念范围之内（章凯等，2022），理由是当前时代的员工具有更强烈的自主意识和自我价值实现取向，更加寻求工作中的平等与尊重；而另一种观点则认为，基于文化适应性，威权领导在提高效率、缓解员工对不确定性的担忧和避免偏差等问题上有其积极意义，如何协调关于威权领导认识的分歧成为当前亟待解决的一个问题。

更为重要的是，一般认为，一个主张自主和授权的环境更有助于创新的产生（Amabile，1988；West，2002；Zhang和Bartol，2010），那么强调严苛控制的威权领导在创新过程中扮演着何种角色？回答这一问题至关重要，这是因为一方面威权领导作为中国文化情境下的产物，在当今组织中仍然具有普遍性；另一方面，创新对于企业极具重要性，故而如何深刻认识二者之间的关系不仅有助于提升企业的竞争优势，也能为实现党的二十大所提出的“中国式现代化”提供一个微观缩影，这也成为本书研究的缘起。

1.2 本书的切入点

当前有限的有关威权领导与员工或团队创新之间的研究（Zhang等，2011；陈璐等，2013；常涛、刘智强和景保峰，2016）虽然倾向于负面解读威权领导的作用，然而正如Zhou（2006）所言，相较于西方文化，家长式的组织控制在东方文化，尤其是中国文化之下有利于加强团队的内在动机与增加创新。潘静洲、娄雅婷和周文霞（2013）的研究也揭示了具有创造力的领导者越是充分发挥威权领导，越有可能提升员工的创造力。众所周知，华为总裁任正非经常被下属和外界打上“严苛”与“威权”的标签，他曾说：“进了华为就是进了坟墓。”无独有偶，将当今运载能力最强的“猎鹰重型”火箭成功升空的埃隆·马斯克在工作场景下也是一个不折不扣的“暴君”，“在他的世界中，所有人必须无条件地配合他，拖慢节奏的都是他前进路上的障碍物，必除之而后快”（Vance，2016）。除此之外，我们也看见诸如乔布斯、王石、周鸿祎等以严苛著称的领导者均在实践上成功带领企业持续创新，可见威权领导与创新之间的关系并非仅仅是负向关系。

更为重要的是，虽然许多文献已经对威权领导进行了研究（吴宗佑，2002，2008；李锐和田晓明，2014；邱功英和龙立荣，2014；Schaubroeck、Shen和Chong，2016；Zhang和Xie，2017；Wang、Cheng和Wang，2018），但遗憾的是，在林姿葶、姜定宇、萧景鸿等（2014）的元分析中，威权领导与大多数的部属效能指标以及家长式领导中的仁慈领导和德行领导呈负相关关系。现实场景中的广泛存在与理论上被“污名化”（林姿葶、郑伯埙和周丽芳，2014）的强烈反差，使得人们不禁反思：“威权领导真的是一种无效，甚至有害的领导行为吗？”（周婉茹等，2010）这不仅与威权领导在提高效率、避免偏差问题上的功能性作用相悖（黄旭，2017；Zheng等，2020），也无法解释其为何在中国组织中广泛存在且有效。另外，虽然东西方对威权领导存在不同的解读（周婉茹，郑伯埙，连玉辉，2014），但即便是在西方主流研究中，人们也开始呼吁要正视威权领导的作用（Harms等，2018）。

事实上，就控制而言，周婉茹、周丽芳、郑伯埙等（2010）指出，威权领导所强调的“控制”可以根据其控制对象的不同划分为两种不同的形式，一种强调对人的控制，另一种强调对事的控制。前者被称为专权领导（dominance-focused leadership），后者被称为尚严领导（discipline-focused leadership）。专权领导会对员工的心理赋能、主管忠诚和任务绩效产生负向的影响，而尚严领导会产生正向的影响。这就给了我们启发：笼统地研究“控制”可能不会帮助我们厘清威权领导的完整内涵。那么，当威权领导被划分为控制人的专权领导和控制事的尚严领导时，是否会对员工创新和团队创新产生不同的影响？尚未有研究对此进行探讨。

进一步来说，领导现象多层次地存在于组织中（张志学，2010），以往研究对于威权领导的构念层次缺乏深入的探讨（林姿葶、郑伯埙和周丽芳，2014a）。目前关于威权领导的研究多数集中在个体层次（李艳、孙健敏和焦海涛，2013），基于团队层次以及跨层次的分析还相对较少（周婉茹等，2014）。而事实上，个体层次或对偶层次的威权领导以及团队层次的威权领导有着不同的理论内涵（Farh等，2008；周婉茹等，2014），故而为了更全面地了解威权领导对创新过程的作用机制，本书将从个体和团队两个层次来进行探讨。更为重要的是，以往的研究一般局限于单一的创新研究，如局限于员工与团队的创造力，而非从创意产生到创意实施整个过程来进行探讨，也缺乏从探索式与利用式的二元创新的角度进行研究。故而，从更深层次理解双元威权领导与创新过程之间的关系不仅有助于指导中国文化情境下领导者如何展现领导力与增加组织创新，更有利于世界范围内领导理论的发展与积累。本书将从多个视角来探讨威权领导与创新之间的多样化关系。

1.3 研究框架

本书将从理论和实证上以多个视角对威权领导与创新之间的关系进行全面、立体和纵向的解答和诠释。全书分为8章，包含理论和实证研究两个部分，其中第2章和第3章主要为理论研究，而第4章、第5章、第6章和第7章为实证研究。本书核心内容如下：

第一，基于元分析方法，对中国情境下家长式领导与员工效能关系的研究进行分析，以对威权领导的解释效力进行定量评价。

第二，从理论上全面回顾威权领导的发展历程及其与员工和团队创新之间关系的研究，指出当前研究的不足之处，为本书研究提供定性的理论支撑。

第三，在上述基础上，基于自我决定理论视角，从个体层次探讨双元威权领导与员工创新行为之间的关系，重点探讨自主性工作动机与控制性工作动机在其中的中介作用，并对该问题进行假设提出与数据检验。

第四，基于团队冲突的视角，对双元威权领导与团队创造力之间的关系进行研究，重点探讨团队任务冲突和团队关系冲突在其中的中介作用，并对该问题进行假设提出与数据检验。

第五，基于创新过程的视角，对双元威权领导与团队创意产生和创意实施之间的不同关系进行研究，并探索领导信息分享可能的调节作用，进而对该问题进行假设提出与数据检验。

第六，基于目标导向的视角，对双元威权领导与双元创新（利用式与探索式创新）之间的复杂关系进行研究，进而对该问题进行假设提出与数据检验。

具体研究框架如图1-1所示。

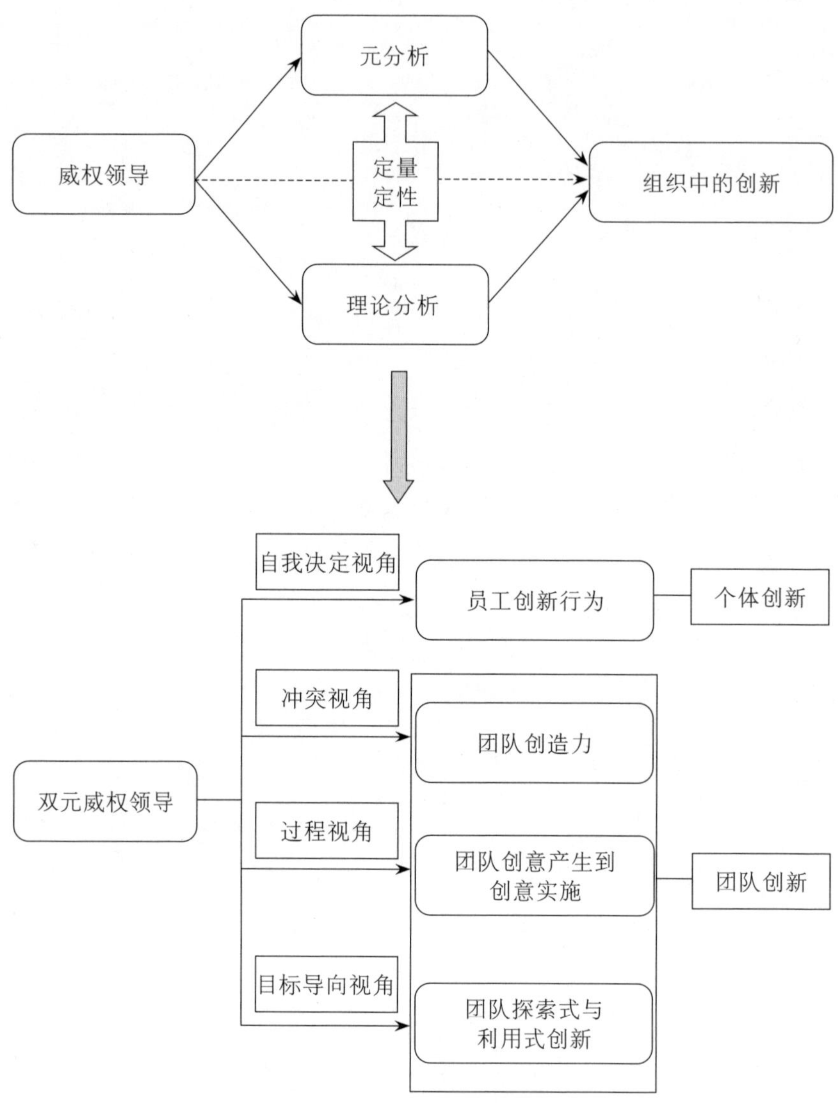

元分析
威权领导
定量
定性
组织中的创新
理论分析
自我决定视角
员工创新行为
个体创新
冲突视角
团队创造力
双元威权领导
过程视角
团队创意产生到
创意实施
团队创新
目标导向视角
团队探索式与
利用式创新

图 1-1　本书的研究框架

2 中国情境下家长式领导与员工效能元分析

本章首先基于元分析方法对以往的文献进行计量分析，以期对家长式领导，尤其是威权领导与员工效能的复杂关系提供更为精确的分析，进而为本书实证分析的开展提供更为坚实的文献计量支撑。事实上，家长式领导作为我国组织中普遍存在的领导风格，自樊景立和郑伯埙（2000）提出以来，便成为本土组织行为领域最受瞩目的理论之一（Wu 和 Xu，2002）。然而，伴随着实证研究的累积，人们开始思考：家长式领导是有效的吗（黄旭，2017）？关于家长式领导的反思之声也开始逐渐显现，主要反映在以下方面：

第一，当前研究对于家长式领导风格下的三种领导方式与部属效能之间的关系尚未厘清。尤其是威权领导，作为家长式领导中最具特色的维度，大部分研究发现其对部属效能起消极作用（Schaubroeck 等，2017；Li 和 Sun，2015），但也有研究发现威权领导对部属效能不起作用（Zhang 等，2015；Wu 等，2012b），甚至起促进作用（仇勇和杨旭华，2015）。即便仁慈领导和德行领导也面临着同样的问题。若由家长式领导的理论推演，仁慈领导和德行领导能对部属效能产生正向的预测效果，但有研究表明仁慈领导与工作绩效并无任何关联（Wu等，2012），也有研究发现德行领导对角色外行为，如组织公民行为（仇勇和杨旭华，2015）、建言行为（Chan，2013），没有显著的预测效果。这种研究结论的不一致，不仅会影响家长式领导的外部效度，也不利于学者开展后续问题的研究。

第二，虽然现有大多数研究结果表明仁慈领导和德行领导对部属效能具有稳定的正向影响，但在企业经营过程中，弄清楚员工更看重领导者给予的仁慈对待，还是更看重领导者的德行，不仅是学术界亟待解决的问题，也是管理实务者比较关心的问题。

第三，不同研究所采用的家长式领导量表所包含的题项数量有所不同，而量表题项的多少会影响变量测量的误差，可能会对不同研究中变量间的关系变异作出解释；此外，不同研究的发表状态有所不同，而相比于统计上不显著的研究结果，显著的研究结果更易被期刊所接受（Sterne等，2000）。所以，有必要探讨并检验研究的发表状态是否会对家长式领导与部属效能的关系产生影响。

单纯的文献回顾无法有效解决各项研究间由于抽样程序、测量工具、考察对象等方面的不同所引起的研究结果差异问题，而元分析作为一种系统的汇报技术，能够以科学的方式将不同的研究发现整合到一起，并且可以排除抽样和测量方面的误差，确保结论的科学性、客观性和真实性（Hunter和Schmid，2004）。基于此，本书意在通过元分析方法来考察中国组织情境中家长式领导三个维度与各部属效能间关系的性质和强度，并对比分析仁慈领导和德行领导有效性的强弱，在此基础上，检验量表长度和论文发表状态是否会对家长式领导与部属效能间的关系产生影响。

2.1 理论与假设

2.1.1 概念界定与测量

（1）家长式领导的定义与测量

樊景立和郑伯埙（2000）在总结前人研究与实地田野研究的基础上，指出华人的领导模式受到了儒家家族主义的极大影响，进而提出家长式领导这一构念，并将其定义为："在一种人治的氛围下，所表现出来的具有严明纪律与权威、父亲般的仁慈及道德廉洁性的领导方式。"按照此定义，家长式领导包含三个维度，即：威权、仁慈和德行。其中，威权领导是指领导者强调其权威是绝对的、不容挑战的，并在工作中对下属进行严密的控制；仁慈领导是指领导者对下属的福祉所表现出的个别、全面而长久的关怀；德行领导是指领导者表现出高尚的道德品质和个人修养，以赢得员工认同效法。目前，有关家长式领导的测量主要采用的是郑伯埙及其同事（郑伯埙等，2000，2003；Cheng等，2004）所编制的33题、15题、28题量表，这些量表都包含威权、仁慈、德行三个维度。另外，Tsui等（2004）对中国企业领导者的"展现仁慈"和"保持威权"等领导风格进行了研究，并开发了相应的家长式领导量表，但由于其与本研究所言的家长式领导并非一个系统，为确保测量变量所采用问卷的一致性，本研究并未将这些研究包含在内。此外，还有一些研究根据研究情境对家长式领导量表进行部分修改，但并未有太大变化，因此这些研究也一起被纳入元分析当中。

（2）各部属效能变量的定义与测量

领导有效性问题一直是领导行为研究所围绕的议题，它是指领导者的行为对下属的态度和行为所产生的影响（Derue等，2011）。根据这一观点，本研究选取两种类型共六个指标来衡量家长式领导的有效性，即员工的态度（工作满意度和组织承诺）和行为（建言行为、工作绩效、组织公民行为和创新行为）。这些指标是组织行为学研究中非常重要的概念，对团队和组织效能有重要影响。

其中，工作满意度是指个体对自身工作及有关方面所抱有的一种积极心理状态。对它的测量，多数研究采用Weiss等（1967）编写的明尼苏达工作满意度短式量表，以及Tsui等（1992）编写的量表，也有一些研究采用单个题项来测量员工的整体工作满意度（郑伯埙等，2003）。组织承诺是指员工与组织之间的一种“心理契约”，它确定了员工与组织的连接程度和角度。对它的测量，主要采用Meyer和Allen（1993）编写的量表，该量表包含情感性组织承诺、持续性组织承诺、规范性组织承诺三个维度。员工建言行为是指员工为了组织更好地发展而提出的有效意见或建议。对它的测量，主要采用Van Dyne和Lepine（1998）、Liang和Farh（2008）编制的量表，其中后者是针对中国情境编制的，包含促进性建言、抑制性建言两个维度，也有少数研究采用段锦云和凌斌（2011）、Liu等（2010）编制的量表。工作绩效是指员工自己控制的与组织目标相关的行为。对于工作绩效所包含的维度，学者们目前仍然没有达成共识，但多数研究使用Borman和Motowidilo（1993）、Van Scotter和Motowidilo（1996）编制的量表，前者将工作绩效划分为任务绩效和关系绩效两个维度，后者是在前者的基础上进一步提出了工作绩效的三维度结构，即任务绩效、人际促进、工作奉献。组织公民行为是员工的一种自觉角色外行为，它没有包含在员工的工作要求当中，也并未包含在薪酬奖励体系内，但有益于组织和个人。对它的测量主要采用Farh和Lin（1997）编制的五维度量表。员工创新行为是指员工将工作中所产生的富有创造性的想法或创意付诸实践，以产生有价值的产品或服务的行为。对它的测量主要采用Jassen（2000）、Scott和Bruce（1994）编制的量表。员工创造力是指员工在工作过程中所产生的新颖且实用的想法、创意与观念等（Amabile，1988），对它的测量主要是用Zhou和George（2001）编制的量表。一般认为，员工创造力是员工创新行为的起点，是整个创新过程中的重要一环。所以，在考察家长式领导与员工创新行为的关系时也将员工创造力包含在员工创新行为的分析当中。

2.1.2 研究假设

现有关于家长式领导的研究主要是基于社会交换理论、社会认同理论和社会认知理论等来探讨其对部属效能的影响及作用机理（Schaubroeck等，2017；Chen等，2014），樊景立和郑伯埙（2000）在其所提出的家长式领导三元模型中指出，下属会基于直属领导所表现出的领导方式来作出相应的态度与行为反应。

（1）威权领导与部属效能

威权领导者往往将权力集中于一身，不会轻易地授权给下属，并对下属进行严密的监控以维持自身权力的绝对性（Farh和Cheng，2000）。此类行为表现很可能使下属推断出自身与领导者的关系质量较差，从而降低下属对领导者的信任（Whitener等，1998）。而一旦下属形成这种负向的认知心理，不仅会对其态度产生负面影响，降低自身的工作满意度和组织承诺（吴宗佑，2008），也会减少其角色内和角色外的工作行为（Wu等，2012；Chen等，2014；Wu等，2012）。另外，威权领导者会漠视下属的建议以及贬低下属的贡献，对下属的错误行为进行训斥甚至责骂以使他们产生耻辱和畏惧心理，这会降低下属的心理安全感（段锦云，2012）。所以，为避免自身形象和职业生涯遭受不良后果，下属会减少那些带有一定风险性但有利于组织的角色外行为表现，如建言行为和创新行为等（Li和Sun，2015；李珲等，2014）。基于此，本研究提出：

假设1a：威权领导与部属效能（工作满意度、组织承诺、建言行为、工作绩效、组织公民行为和创新行为）呈负相关。

（2）仁慈领导与部属效能

仁慈领导者会将下属视为自己的家人，对下属如同对自己的子女一样给予关怀和照顾，并在下属遇到困难时提供帮助，这会引发下属感恩图报的反应（Farh和Cheng，2000），有利于提升二者的交换关系质量（Chan和Mark，2012），基于社会交换的观点，下属会对组织产生积极的态度，提升组织承诺和工作满意度（Erben和Güneşer，2008；Farh

等，2006)，也会展现出较佳的工作绩效和更多的组织公民行为来回报领导者的仁慈对待（Wu等，2012；Chen等，2014)。此外，当下属在工作过程中表现不佳时，仁慈领导者不会让下属当众出丑，而是会采取一种宽容的态度，为下属留有余地，并竭力维护下属的面子。这会让下属感知到自身处于一个支持性的、安全的环境中（Wang和Cheng，2010)，从而促使下属不怕冒险，敢于建言献策（Zhang等，2015；段锦云，2012)，创新性地改进工作方法和流程（李珲等，2014)。基于此，本研究提出：

假设1b：仁慈领导与部属效能（工作满意度、组织承诺、建言行为、工作绩效、组织公民行为和创新行为）呈正相关。

（3）德行领导与部属效能

德行领导者往往展现出高尚的个人品德和操守，不会假公济私，对待下属一视同仁，这会引发下属对领导者价值观和目标的认同（Farh和Cheng，2000)，有利于下属与组织之间形成心理契约，提升下属的组织承诺（Erben和Güneşer，2008)。同时，下属会将领导者的目标和价值观内化为自身的目标和价值观，促使其对工作更加满意也更加努力，从而提高工作绩效（Li等，2012)。另外，在下属看来，德行领导者作为诚实正直的角色模范是值得信任的，他们会与领导者建立互惠、互信的长期交换关系（许彦妮等，2014)，也会效仿领导者的行为（Farh和Cheng，2000)，并将自己视为组织的一分子，表现出更多的组织公民行为（Wu等，2012；Chen等，2014；Wu等，2012)，积极地为组织的发展出谋划策（Farh等，2006)，以及提出创新性的想法来提高组织的运作效率（李珲等，2014)。基于此，我们提出：

假设1c：德行领导与部属效能（工作满意度、组织承诺、建言行为、工作绩效、组织公民行为和创新行为）呈正相关。

（4）仁慈领导和德行领导有效性的比较

由家长式领导理论推演，仁慈领导和德行领导对部属效能皆有正向作用，且两者具有显著的正向关联，但两者发挥作用的机制却不相同。仁慈领导者主要通过对下属的工作和生活进行长期而全面的关心和照顾（Farh和Cheng，2000)，使下属有亏欠、感激的感觉。基于互惠的规范，下属会产生“回报”的心态，而愿意绝对忠诚并完全服从于领导者（郑伯埙等，2000）。另外，仁慈领导者对下属的恩惠是一种外在的、直接的行为表现，虽然能够促进二者的关系，但这种关系会随着下属距离组织权力中心的远近而呈动态变化。尤其在具有浓厚人治色彩的华人社会，领导者的仁慈不会一视同仁地分配到所有下属身上，而是会根据部属的关系、忠诚和才能来区别对待（张瑞平等，2013）。德行领导者则是通过表现高尚的个人操守和品行来赢得下属对其目标和价值观的认同和内化，并效仿其行为（Farh和Cheng，2000）。另外，德行领导的诚实正直、大公无私和角色模范更多地体现了领导者的内在品质，这些品质对下属的影响是潜移默化的（郑伯埙等，2000），也是形成高质量交换关系的核心要素（Li等，2012），而一旦下属认同领导者的这些价值观，则有助于二者形成长期稳定的交换关系。现有的研究结果也表明（Zhang等，2015），德行领导与部属效能间的关联性要大于仁慈领导与部属效能间的关联性。基于此，本研究提出：

假设2：相较于仁慈领导，德行领导对部属效能（工作满意度、组织承诺、建言行为、工作绩效、组织公民行为、创新行为）影响效果更大。

(5) 潜在调节变量

当前各项研究结果的差异表明可能存在某些潜在的调节变量影响了家长式领导与部属效能间的关系。不同于单个研究中的调节变量，元分析中的潜在调节变量是指整体研究样本中所包含的系统差异因素，能够依据理论从现有文献编码中得到，可以用来判断其对两变量间方差变异的解释能力。调节变量包含两类：一类是测量因素，如用来测量家长式领导的量表特征、结构及条目等；另一类是情境因素，如企业或行业的特征，以及被研究者的年龄、性别、身份等。本研究对纳入元分析的88篇实证研究进行细致梳理后，发现家长式领导的量表类型和论文发表状态可能会影响家长式领导的有效性。

(6) 家长式领导量表类型对家长式领导有效性的影响

家长式领导的测量工具是伴随着家长式领导理论的发展而不断演化的，最早是由郑伯埙等（2000）提出的42题量表，经过因子分析修订之后，形成了33题的正式家长式领导量表。随后，郑伯埙等（2003）认为33题家长式领导量表中的部分题项无法展现华人文化价值的特色，又从3个分量表中，分别选取5项因子载荷较高的题项形成了15题版本的量表。在后续的研究中，Cheng等（2004）采用同样的方法开发出了28题版本的量表。现有的研究也大多采用这3个版本的量表。参考林姿葶等（2014）的做法，本研究根据家长式领导量表条目的多少将15题量表定义为短版量表，另外两种版本的量表则被定义为长版量表。Nunnally和Bernstein（1994）的研究表明，与短版本量表相比，长版本量表由于测量条目的增加，可以使被试对象较好地辨别出相关概念，从而减少测量误差，增加测量结果的可信度。苏涛等（2017）通过元分析也证实了测量工具会对变量间的关系产生影响。基于此，本研究提出：

假设3：量表类型会对家长式领导与部属效能的关系产生调节作用。相较于短版量表，长版量表测量的家长式领导与部属效能（工作满意度、组织承诺、建言行为、工作绩效、组织公民行为、创新行为）的相关性会更高。

（7）论文发表状态对家长式领导有效性的影响

在进行元分析时，需要考虑发表偏误的问题。它是指相较于效应值小的研究结果，效应值大的研究结果往往因具有统计上的显著性而较易被期刊接受（Sterne等，2000）。若仅考虑已发表的研究，可能使元分析结果的可信度降低，甚至得出误导性的结论（林姿葶等，2014）。有鉴于此，我们在收集有关家长式领导的文献时，不仅收集了已发表的期刊论文，还将未发表的硕博论文和会议论文也纳入元分析中。根据上述观点，我们推断已发表的研究中家长式领导与部属效能间的相关性要高于未发表的研究中二者的相关性。苏涛等（2017）也认为，同一变量间的关系在不同发表属性下的平均效应值存在显著的差异。基于此，本研究提出：

假设4：论文的发表状态会对家长式领导与部属效能的关系产生调节作用。相较于未发表的论文，已发表论文中的家长式领导与部属效能（工作满意度、组织承诺、建言行为、工作绩效、组织公民行为、创新行为）的相关性会更高。

2.2 研究方法

2.2.1 文献的检索和筛选

我们分别以“家长式领导”“家长型领导”“威权领导”“权威领导”“仁慈领导”“德行领导”“道德领导”等作为检索词在中国知网、万方、维普等数据库中进行题目、摘要和关键词检索。同时，我们手工查阅了14种管理学和心理学期刊，目的是防止遗漏那些已经发表但未在网上公布的文献。此外，虽然我们聚焦于我国大陆地区组织情境的研究，但鉴于关于家长式领导的研究主要是在我国台湾地区扩展开来的，我们还查阅了中国台湾地区华艺线上图书馆（http：//www.airitilibrary.com），对研究样本来自我国大陆地区的论文予以保留。对于英文文献，我们通过Google Scholar、PsycINFO、Web of Science、Proquest Dissertations等数据库，以“Paternalistic Leadership”“Paternalistic Leader”“Authoritarian Leadership”“Authoritative Leadership”“Authoritarianism”“Benevolent Leadership”“Benevolence”“Moral Leadership”等作为检索词进行题目、摘要和关键词检索。同时，我们手工查阅了16本重点英文期刊中提前网络出版的论文以及在美国AOM年会和SIOP年会上宣读的论文，在此基础上，我们还对所有文献的参考文献进行梳理和查漏，直到不再有新文献出现为止。我们收集到了401篇文献，包括硕博论文、会议论文和期刊论文[①]。

在进行元分析之前，本研究要根据如下标准对收集到的文献进行筛选：（1）选取探索家长式领导与部属效能关系的实证研究，排除非实证文献；（2）排除研究样本中非我国大陆企业组织的文献（一些文献的样

① 本研究所查阅的14本重点中文期刊包括：《管理世界》《南开管理评论》《科研管理》《管理科学学报》《中国软科学》《管理学报》《管理科学》《管理评论》《科学学研究》《科学学与科学技术管理》《心理学报》《心理科学进展》《心理科学》《应用心理学》。本研究所查阅的16本重点英文期刊包括：Academy of Management Review、Academy of Management Journal、Administrative Science Quarterly、Journal of Management、Journal of Applied Psychology、Personnel Psychology、Leadership Quarterly、Journal of Organizational Behavior、Management and Organizational Review、Human Relations、Organizational Behavior and Human Decision Processes、Human Resource Management、Journal of Business Ethics、Asia Pacific Journal of Management、Journal of Cross-Cultural Psychology、Asian Journal of Social Psychology。

本为我国台湾地区企业组织，后文中若无特殊说明，所提到我国情境与我国样本均指我国大陆地区情境与样本）；（3）同一数据出现一次以上的，以包含变量信息最完整的文献为准；（4）研究必须是在个体和对偶层次展开，而非团体和组织层面；（5）文献中必须包含家长式领导与部属效能间的相关系数r、p值和样本量等统计指标。按上述标准筛选以后，我们选取了92篇文献，包含了94个独立样本（其中一篇研究中有3个独立样本），总样本量为31 325名员工。

2.2.2 编码

本研究采用分组独立编码和比较的方法。整个编码工作由两位组织行为学方向的研究生分别独立完成。编码内容分为两类：一类是对研究特征的描述，包括题目、作者、年份、自变量、因变量、中介变量、调节变量、量表长度、发表状态；另一类是统计效应值，包括家长式领导三维度和部属效能的相关系数、p值、样本容量、自变量和因变量的信度、效度。完成编码工作后，将二者的编码结果进行比较，对于分歧较大的编码内容，通过协商来达成共识，这样可以消除研究者主观判断的影响，最终提升编码的内部一致性。

2.2.3 统计分析方法

元分析是一种将以往同一主题的零散定量研究进行合并、总结、评价的定量分析方法。Aguinis 等（2011）通过回顾1982—2009年西方五种顶级期刊中的196项元分析，发现83%的效应值是用Hunter和Schmidt方法计算的。基于此，本研究选用Hunter和Schmidt（2004）的元分析方法进行分析。

第一，为了对不同的研究进行合并，本研究选择最常用的未经转换的相关系数作为代理统计量，以此来计算加权平均效应值①。在此基础上，本研究校正了抽样误差和测量误差，以获得家长式领导和部属效能

① 加权平均效应值r的计算公式：$r = \frac{\sum n_i r_i}{\sum n_i}$，其中，$n_i$是指各独立研究中的样本数，$r_i$是指各独立研究中的相关系数。

间的真实效应值[①]。此外，为了判断加权平均效应值是否显著，本研究报告了95%置信区间和Z值两项指标，若95%置信区间不包含零或Z值大于1.96，则表明变量间存在显著关联。

第二，进行同质性检验并据此判断调节变量的存在与否，以及确定进行元分析是采用固定效应模型还是随机效应模型。本研究选用75%规则[②]进行同质性检验，相比于其他方法，75%规则在所纳入的研究样本数量较少时统计功效较高（Bond和Smith，1996）。若抽样误差和测量误差未能解释效应值观察变异的75%，则表明各独立研究间存在异质性，可以判断存在潜在调节变量，且在分析时应选用随机效应模型。

第三，为了检验本研究所选择的文献是否能够代表有关家长式领导研究的总体，本研究通过计算失安全系数来检验是否存在发表偏倚的问题。失安全系数是指需要多少不显著结果的研究才能使效应值降低到不显著的状态，若失安全系数大于5K+10（K为独立样本数）（Rothstein等，2006），则表明元分析的结果稳定，结论被推翻的可能性较小。

2.3 元分析结果

2.3.1 发表偏倚、同质性检验及主效应大小

表2-1呈现了家长式领导与部属效能间关系的元分析结果，从中可以看出，所有失安全系数均满足大于5K+10的标准。这表明研究结果比较稳定，存在发表偏倚的可能性较小。

所有变量间关系的抽样误差和测量误差所解释的变异并没有占到效应值观察变异的75%，表明纳入元分析的88篇独立研究所选用的样本分别来自不同的总体，各研究间存在显著的异质性，由此也印证了潜在

---

① 排除抽样误差和测量误差后，真实效应值$\rho = \frac{r}{\sqrt{r_{xx} r_{yy}}}$，其中，$r_{xx}$是自变量的信度加权平均值，$r_{yy}$是因变量的信度加权平均值。

② 75%规则的检验公式：$P = \frac{S_e^2}{S_r^2}$，$S_r^2 = \frac{\sum n_i (r - r_i)^2}{n_i}$，$S_e^2 = \frac{\sum n_i \frac{(1 - r^2)^2}{n_i - 1}}{n_i}$，其中，$S_r^2$是观察的效应值的方差，$S_e^2$是抽样方差，若P小于0.75则表明存在调节变量。

调节变量的存在，因而有必要进行调节效应的分析以发现哪些因素导致了各研究间效应值的变异。

表2-1　　元分析结果

变量	K	N	r	ρ	S_e	95%CI		Z值	75%规则	失安全系数
						LL	UL			
威权领导										
工作满意度	13	3 426	-0.091	-0.100	0.056	-0.200	0.019	-1.632	16.5	69
组织承诺	13	3 645	-0.152	-0.173	0.058	-0.267	-0.037	-2.600**	21.2	88
建言行为	20	6 368	-0.187	-0.199	0.054	-0.292	-0.081	-3.450***	11.3	382
工作绩效	17	5 280	-0.167	-0.172	0.054	-0.273	-0.061	-3.084**	5.7	206
组织公民行为	15	5 063	-0.043	-0.049	0.054	-0.150	0.063	-0.798	20.9	127
创新行为	11	3 064	-0.218	-0.229	0.057	-0.330	-0.106	-3.807**	8.7	84
仁慈领导										
工作满意度	12	3 199	0.480	0.514	0.047	0.388	0.572	10.234***	11.8	133
组织承诺	12	3 418	0.366	0.434	0.051	0.265	0.467	7.113***	26.9	142
建言行为	19	6 624	0.352	0.393	0.047	0.260	0.445	7.502***	18.7	430
工作绩效	16	5 380	0.342	0.383	0.047	0.249	0.434	7.247***	10.1	237
组织公民行为	11	3 644	0.268	0.288	0.051	0.265	0.467	7.113***	26.9	133
创新行为	14	3 794	0.360	0.374	0.053	0.257	0.464	6.804***	6.8	194
德行领导										
工作满意度	13	3 614	0.478	0.547	0.046	0.388	0.568	10.382***	22.0	165
组织承诺	13	3 907	0.356	0.384	0.051	0.257	0.455	7.039***	13.3	151
建言行为	17	5 492	0.303	0.338	0.051	0.204	0.402	5.985***	18.6	409
工作绩效	15	4 071	0.328	0.370	0.053	0.224	0.432	6.172***	10.7	211
组织公民行为	12	3 827	0.254	0.268	0.052	0.172	0.376	5.281***	9.4	142
创新行为	12	3 089	0.278	0.290	0.055	0.170	0.386	5.050***	7.4	122

注：K=独立样本数；N=总样本量；r=样本加权平均效应值；ρ=校正抽样和测量误差后的真实效应值；S_e=抽样分布的标准误；CI=置信区间；Z值用于检验统计量的显著水平；75%原则用于同质性检验；*p<0.05，**p<0.01，***p<0.001。

根据同质性检验结果，应采用同时考虑研究内和研究间变异的随机效应模型进行分析。结果显示，威权领导和组织承诺（r=-0.152，p<0.01）、建言行为（r=-0.187，p<0.001）、工作绩效（r=-0.167，p<0.01）、创新行为（r=-0.218，p<0.01）有显著负相关关系，而和工作满意度（r=-0.091，p>0.05）、组织公民行为（r=-0.043，p>0.05）的关系并不显著。因此，假设H1a得到部分支持。仁慈领导与工作满意度（r=0.480，p<0.001）、组织承诺（r=0.366，p<0.001）、建言行为（r=0.352，p<0.001）、工作绩效（r=0.342，p<0.001）、组织公民行为（r=0.268，p<0.001）、创新行为（r=0.360，p<0.001）呈显著中等强度正相关。因此，假设H1b得到证实。德行领导与工作满意度（r=0.478，p<0.001）、组织承诺（r=0.356，p<0.001）、建言行为（r=0.303，p<0.001）、工作绩效（r=0.328，p<0.001）、组织公民行为（r=0.254，p<0.001）、创新行为（r=0.278，p<0.001）呈显著中等强度正相关。因此，假设H1c得到证实。

2.3.2 仁慈领导和德行领导有效性的比较

表2-2列出了仁慈领导和德行领导的有效性比较结果，从中可以看出，仁慈领导和德行领导与部属效能的效应值在统计意义上并没有显著的差别，但进一步检视相关系数，可以看出仁慈领导与部属效能的相关强度大于德行领导与部属效能的相关强度，这在一定程度上可以说明在我国，仁慈领导的有效性要高于德行领导。基于此，我们认为假设2没有得到证实。

表2-2　　**仁慈领导和德行领导有效性的比较结果**

员工反应	领导类型	K	r	S_r^2	Z
工作满意度	仁慈领导	12	0.480	0.019	0.040
	德行领导	13	0.478	0.010	
组织承诺	仁慈领导	12	0.366	0.010	0.209
	德行领导	13	0.356	0.019	
建言行为	仁慈领导	19	0.352	0.012	1.295
	德行领导	17	0.303	0.014	

续表

员工反应	领导类型	K	r	S_r^2	Z
工作绩效	仁慈领导	16	0.342	0.022	0.242
	德行领导	15	0.328	0.026	
组织公民行为	仁慈领导	11	0.268	0.021	0.213
	德行领导	12	0.254	0.029	
创新行为	仁慈领导	14	0.360	0.041	1.002
	德行领导	12	0.278	0.041	

注：K=独立样本数；r=加权平均相关系数；S_r^2=观察到的样本相关系数的方差；Z=用于检验相关系数的差异，根据Raju和Brand的建议（2003），若Z ≥ ±1.96，则表明存在显著差异，单尾检验。

2.3.3 调节效应的分析

量表类型对家长式领导与部属效能间关系的调节作用见表2-3。对于威权领导而言，其与工作满意度间的相关性会受到量表类型的影响（Z=-1.975，p<0.05）。相比于短版量表，长版量表测量的威权领导与工作满意度间的相关性更高。对于仁慈领导而言，量表类型会对其与员工建言行为的相关性产生影响（Z=-1.975，p<0.05）。和短版量表相比，用长版量表测量的仁慈领导与员工建言行为间的相关性更高。进一步检视相关系数发现，除了个别关系外，以长版量表测量的家长式领导与部属效能的相关系数大于短版量表测量的家长式领导与部属效能的相关系数。此外，由于威权领导与创新行为、仁慈领导与组织公民行为和创新行为、德行领导与工作绩效和创新行为的效应值个数未达到元分析的篇数要求，故而未能进行调节效应的检验。整体而言，假设3得到部分证实。

论文发表状态对家长式领导与部属效能间关系的调节作用见表2-4，就威权领导而言，发表与未发表状态下的威权领导与工作满意度（Z=2.291，p<0.01）间的相关性存在显著差异，相较于发表的研究，未发表状态下的威权领导与工作满意度的相关性更高。就仁慈领导而言，发

表2-3　　量表类型调节作用

变量	量表类型	K	N	r	S_e	S_r^2	95%CI LL	95%CI UL	Z	75%规则
威权领导										
工作满意度	长版	6	1 111	-0.178	0.073	0.004	-0.321	-0.335	-1.975*	100.0
	短版	7	2 315	-0.057	0.055	0.021	-0.165	0.050		69.3
组织承诺	长版	5	968	-0.177	0.070	0.011	-0.313	-0.040	-0.516	46.4
	短版	8	2 677	-0.143	0.054	0.018	0248	-0.038		16.1
建言行为	长版	10	3 282	-0.151	0.054	0.018	-0.257	-0.045	1.052	16.1
	短版	10	3 086	-0.225	0.054	0.059	-0.320	-0.121		4.4
工作绩效	长版	10	3 424	-0.185	0.052	0.020	-0.288	-0.083	-0.379	13.6
	短版	7	1 856	-0.131	0.058	0.110	-0.244	-0.018		3.0
组织公民行为	长版	6	2 253	-0.047	0.052	0.007	-0.148	0.054	-0.157	37.1
	短版	9	2 810	-0.038	0.057	0.019	-0.149	0.073		17.1
创新行为	长版	2	NA	NA	NA	NA	NA	NA	NA	NA
	短版	9	2 542	-0.224	0.057	0.045	-0.338	-0.113		7.2
仁慈领导										
工作满意度	长版	5	884	0.565	0.053	0.002	0.460	0.669	1.883	100.0
	短版	7	2 315	0.456	0.044	0.021	0.370	0.541		9.1
组织承诺	长版	4	741	0.312	0.072	0.005	0.171	0.453	-0.868	100.0
	短版	8	267	0.381	0.047	0.010	0.289	0.473		20.7
建言行为	长版	9	3 147	0.408	0.045	0.006	0.321	0.496	2.736**	33.1
	短版	10	3 477	0.279	0.050	0.016	0.181	0.376		15.8
工作绩效	长版	6	2 226	0.331	0.046	0.014	0.241	0.422	-0.205	15.1
	短版	10	3 154	0.349	0.063	0.048	0.226	0.473		8.3
组织公民行为	长版	2	NA	NA	NA	NA	NA	NA	NA	NA
	短版	9	2 134	0.329	0.055	0.018	0.222	0.436		16.5

续表

变量	量表类型	K	N	r	S_e	S_r^2	95%CI LL	95%CI UL	Z	75%规则
创新行为	长版	2	NA	NA	NA	NA	NA	NA	NA	NA
	短版	12	2 994	0.405	0.051	0.040	0.306	0.505		6.4
德行领导										
工作满意度	长版	6	1 299	0.536	0.049	0.010	0.440	0.632	1.53	22.7
	短版	7	2 315	0.451	0.044	0.007	0.365	0.537		27.7
组织承诺	长版	3	305	0.370	0.086	0.012	0.201	0.539	0.2089	63.6
	短版	10	3 602	0.354	0.046	0.020	0.264	0.445		10.7
建言行为	长版	7	2 535	0.345	0.046	0.002	0.340	0.435	1.589	97.3
	短版	10	2 957	0.267	0.054	0.021	0.161	0.373		14.0
工作绩效	长版	2	NA	NA	NA	NA	NA	NA	NA	NA
	短版	11	2 879	0.313	0.054	0.025	0.207	0.419		11.6
组织公民行为	长版	3	771	0.308	0.057	0.046	0.197	0.419	0.314	7.0
	短版	9	3 056	0.266	0.055	0.024	0.223	0.365		10.6
创新行为	长版	2	NA	NA	NA	NA	NA	NA	NA	NA
	短版	10	2 489	0.294	0.058	0.044	0.180	0.407		7.6

注：K=独立样本数；N=总样本人数；r=加权平均相关系数；S_e=抽样引起的标准误；S_r^2=观察到的样本相关系数方差；95%CI=置信区间；Z=用于检验相关系数的差异，根据 Raju 和 Brand（2003）的建议，若 Z ≥ ±1.96，则表明存在显著差异；75% 规则=同质性检验；*p<0.05，**p<0.01，***p<0.001，下同。

表与未发表状态下的仁慈领导与工作满意度间的相关性存在显著的差异（Z=−3.195，p<0.001），和发表的研究相比，未发表状态下的仁慈领导与工作满意度间的相关性更高。就德行领导而言，发表与未发表状态下的德行领导和员工建言行为之间的相关性存在显著的差异（Z=−3.871，p<0.001），相较于发表的研究，未发表状态下的德行领导与员工建言行

为间的相关性更高，与假设不符。进一步检视相关系数也可以发现，除了个别关系外，未发表状态下的相关系数要大于发表状态下的相关系数。此外，由于威权领导和仁慈领导与组织承诺的效应值个数未达到元分析的篇数要求，故而未能进行调节效应的检验。综上所述，假设4未能得到证实。

表2-4　　论文发表状态的调节作用

变量	发表与否	K	N	r	S_e	S_r^2	95%CI		Z	75%规则
							LL	UL		
威权领导										
工作满意度	发表	7	2 170	−0.030	0.056	0.012	−0.139	0.079	2.291**	26.6
	未发表	6	1 256	−0.185	0.067	0.016	−0.317	−0.054		28.3
组织承诺	发表	2	NA	NA	NA	NA	NA	NA	NA	NA
	未发表	11	3 109	−0.164	0.058	0.018	−0.278	−0.050		18.9
建言行为	发表	9	3 124	−0.188	0.052	0.020	−0.288	−0.085	−0.014	13.8
	未发表	11	3 244	−0.187	0.056	0.032	−0.297	−0.077		9.9
工作绩效	发表	10	3 052	−0.150	0.054	0.035	−0.256	−0.044	0.337	8.4
	未发表	7	2 228	−0.190	0.054	0.072	−0.296	−0.084		4.1
组织公民行为	发表	9	2 985	−0.015	0.055	0.018	−0.123	0.093	1.258	16.9
	未发表	6	2 078	−0.084	0.053	0.006	−0.189	0.021		46.4
创新行为	发表	4	1 345	−0.144	0.053	0.009	−0.249	−0.040	1.327	31.0
	未发表	7	1 719	−0.275	0.059	0.052	−0.391	−0.159		6.7
仁慈领导										
工作满意度	发表	7	2 170	0.416	0.46	0.014	0.326	0.506	−3.195***	15.4
	未发表	5	1 029	0.601	0.045	0.005	0.514	0.689		37.3
组织承诺	发表	2	NA	NA	NA	NA	NA	NA	NA	NA
	未发表	10	2 882	0.379	0.051	0.011	0.280	0.480		24.4

续表

变量	发表与否	K	N	r	S_e	S_r^2	95%CI		Z	75%规则
							LL	UL		
建言行为	发表	7	3 053	0.300	0.044	0.011	0.214	0.385	-1.395	18.0
	未发表	12	3 571	0.375	0.048	0.017	0.281	0.468		13.8
工作绩效	发表	8	2 847	0.323	0.045	0.012	0.234	0.412	-0.516	17.4
	未发表	8	2 533	0.362	0.049	0.032	0.266	0.458		7.4
组织公民行为	发表	5	1 566	0.313	0.051	0.015	0.213	0.413	0.954	17.3
	未发表	6	2 078	0.234	0.051	0.023	0.134	0.334		11.2
创新行为	发表	5	1 512	0.423	0.047	0.017	0.330	0.515	1.075	13.0
	未发表	9	2 282	0.319	0.067	0.053	0.188	0.450		8.4
德行领导										
工作满意度	发表	8	2 585	0.453	0.043	0.009	0.368	0.538	-1.580	21.1
	未发表	5	1 029	0.534	0.050	0.007	0.436	0.632		36.9
组织承诺	发表	3	1 025	0.317	0.049	0.004	0.222	0.413	-0.841	54.9
	未发表	10	2 882	0.369	0.051	0.024	0.269	0.469		10.9
建言行为	发表	6	2 331	0.207	0.049	0.008	0.112	0.302	-3.871***	31.0
	未发表	11	3 161	0.374	0.051	0.006	0.274	0.473		39.9
工作绩效	发表	7	1 538	0.267	0.060	0.006	0.149	0.384	-1.313	57
	未发表	8	2 533	0.363	0.049	0.034	0.267	0.458		7
组织公民行为	发表	5	1 566	0.268	0.053	0.017	0.165	0.371	-0.123	16.1
	未发表	7	2 261	0.279	0.051	0.032	0.178	0.379		8.2
创新行为	发表	6	1 356	0.225	0.064	0.006	0.099	0.419	-0.74	7.3
	未发表	6	1 733	0.305	0.055	0.063	0.197	0.413		4.8

2.4 讨论

家长式领导作为深具本土特色的领导风格，在过去二十年间得到了广泛关注。虽然林姿葶等（2014）已经对家长式领导的效能问题进行了初步的元分析，但是其涉及的83篇文献以台湾地区企业组织样本为主，仅有4篇文献的样本为我国大陆地区企业组织，且研究是截止到2011年年底，而事实上来自我国大陆的研究绝大多数集中在2011年之后，故而来以我国台湾地区企业组织为样本的元分析远远不能代表我国大陆地区近年来关于家长式领导研究的全貌。如Bond和Smith（1996）所言，海峡两岸在社会情感自主、承诺、保守主义等方面已经表现出较大的差异性，故而有必要对我国大陆地区有关家长式领导的研究进行单独分析。更为重要的是，林姿葶等（2014）的研究偏重对员工态度方面的分析，如主管忠诚、领导满意、情感性组织承诺、工作满意和离职倾向等，而对于近年来持续升温的员工建言行为和员工创新行为等行为方面的关注较少，这与当前我国大陆地区的研究现状不符。

此外，虽然王甜、苏涛和陈春花（2017）以及Bedi（2020）也做了关于家长式领导与员工效能的元分析，但他们纳入了国内外所有关于家长式领导的研究，并非专门基于中国的情境，因此在样本收集上会存在偏差。此外，王甜等（2017）仅考虑了工作满意度、组织承诺、离职倾向、组织公民行为、任务绩效5个结果变量，而Bedi（2020）虽然考虑了工作满意度、组织承诺、主管忠诚、组织公民行为、任务绩效、离职倾向和员工建言等多个变量，但对于员工创新行为这一本书着重要考虑的变量未曾涉及。基于此，本研究对使用元分析方法并以我国大陆企业组织的员工为研究对象的实证研究进行了系统的梳理、合并和分析，以便清晰地回答我国企业组织情境下家长式领导三维度与部属效能间的关系强度和性质，为深入理解家长式领导的有效性提供了一个可靠的佐证。

首先，我们发现威权领导对组织承诺、员工建言行为、工作绩效和员工创新行为均有显著负向影响，这意味着在我国大陆企业组织情境下威权领导对部分员工态度和行为的确会产生消极影响。然而，我们还发现威权领导与工作满意度和组织公民行为的总体平均效应值并不显著，而在主要基于我国台湾地区样本的元分析中，林姿亭等（2014）发现威权领导与工作满意度和组织公民行为之间均呈现显著负相关关系，其校正取样和测量误差后的真实效应值分别为（$\rho=-0.15$，$p<0.001$；$\rho=-0.09$，$p<0.001$），这意味着在我国大陆企业组织情境下和我国台湾企业组织情境下威权领导对员工的工作满意度和组织公民行为的影响存在不一致。换言之，在我国大陆企业组织情境下，威权领导未必会对员工态度和行为产生负面影响。事实上，关于威权领导的研究目前已有许多反思，虽然许多研究者会对威权领导形成一种刻板印象，并将它视为一种无效，甚至有害的领导行为，但作为华人组织中一种独特而鲜明的现象，威权领导的长期存在表明其应有一定的文化适应性。面对威权领导研究结果的矛盾之处，周婉茹等（2010）提出了威权领导的双构面模式，即控制人的“专权”成分和控制事的“尚严”成分，前者更多地反映了传统的价值观，采取的是权谋的控制方式，控制的焦点偏重个人；而后者则反映了现代的价值观，重视纪律和教诲行为，控制的焦点偏重任务。他们通过研究发现“专权”会损害员工的人格或尊严，且对员工心理授权中的意义、自我决定和影响力具有负向影响，而“尚严”则不会对员工造成伤害，并对员工心理授权中的意义、自我效能感和影响力具有正向影响。因此，以往关于威权领导的研究结果的不一致，一个主要原因可能是没有区分威权领导的控制内涵，使得“专权”和“尚严”这两方面对下属态度和行为的影响相互抵消。故而当考虑到“专权”和“尚严”的区分时，对于家长式领导对员工的组织承诺、建言行为、工作绩效和创新行为是否仍会产生负面影响这一问题则需要进行更深入的研究。另外，我们发现，相较于仁慈领导和德行领导，威权领导对下属态度和行为的影响效果最弱（r的绝对值均在0.23之下），这与林姿亭等（2014）的发现保持一致。

其次，我们发现仁慈领导和德行领导对员工的工作满意度、组织承诺、建言行为、工作绩效、组织公民行为、创新行为均具有显著正向影响（r值均大于0.26，p<0.001），这与林姿葶等（2014）的发现基本一致。有差别的地方在于，我国大陆企业组织情境下仁慈领导和德行领导对工作绩效的影响（ρ= 0.326，p<0.001；ρ= 0.305，p<0.001）明显高于在我国台湾地区的影响（ρ= 0.18，p<0.001；ρ= 0.17，p<0.001）。这意味着在我国大陆组织情境下仁慈领导和德行领导对员工工作绩效能够产生更为积极的影响。更为重要的是，我们发现在我国大陆组织情境下，仁慈领导和德行领导在员工的态度和行为影响效果上没有显著的差异，即仁慈领导和德行领导在统计意义上的影响力是一样的，这与林姿葶等（2014）的发现具有重要区别。在我国台湾地区的分析中，仁慈领导和德行领导在对情感性组织承诺上具有显著差异（p<0.05），其中德行领导对情感性组织承诺的影响更大。Farh等（2008）也指出，德行领导应比仁慈领导更具有解释力。我们推测在我国大陆情境下，由于存在较大的权力距离，员工有可能会将仁慈的或者个别化的对待视为理所当然，故而仁慈领导和德行领导产生相较一致的解释力。此外，从文化根源来看，正如张瑞平等（2013）所言，仁慈领导的儒家模型包括两种成分："修己"和"外王"。前者指领导者通过自我修养以提高自己的品行，后者涉及领导者如何通过美德来领导他人，故而仁慈领导者也隐含着德行的成分，这在一定程度上说明了仁慈领导和德行领导解释力一致的原因。另外，由于关于家长式领导的分化研究正逐步开展，仁慈领导可以进一步细分为工作照顾和生活照顾两个方面（林姿葶和郑伯埙，2012），德行领导可以分为道德勇气、心胸开阔、廉洁不苟、诚信负责及公平无私五个方面（Wang等，2017）。如果后续能够分开构面进行分析研究，不仅可以真正厘清各个分构面的解释力，也可能有更有趣的发现。

最后，按照Nunnally和Bernstein（1994）的观点，相较于短版量表，长版量表的测量误差更低、可信度更高。我们发现量表类型会显著调节威权领导与工作满意度、仁慈领导与员工建言行为之间的关系。故而，在探究家长式领导与员工工作满意度和建言行为的关系时，尽可能选取长版量表来对家长式领导施测。这一结论也可以帮助研究者在进行有关家长式领导的研究时，根据情境的需要来选择更加合适的量表，以得到更有效的结论。与预期相反，虽然我们发现不同论文发表状态下的威权领导与工作满意度、仁慈领导与工作满意度、德行领导与建言行为间的效应值存在显著的差异，但结果是未发表状态下家长式领导与部属效能间的效应值显著高于已发表状态下家长式领导与部属效能间的效应值。究其原因，可能是未发表的研究中多数是硕士论文，其样本数据在有效性和可靠性方面存在偏差，或在论文设计环节并未考虑到变量间的共同方法方差问题，导致结论中家长式领导与部属效能的相关性偏高。通过对这些硕士论文的分析，我们发现，一些研究对家长式领导风格的评价和对员工态度和行为的评价是由同一被试填写的，有的文献进行了共同方法变异的检验，而有的文献根本未进行此类检验。此外，通过回顾以往的研究，我们发现一些效应值很小，甚至不显著的研究成果也可以被期刊接受，这也会造成发表状态下的加权平均效应值偏小。同时，这也在一定程度上表明了本研究不存在发表偏倚的问题。

2.5 本章小结

作为本土心理学研究的一项重要成果，家长式领导在过去的二十余年间得到了国内外学者的密切关注，并由此取得了大量关于家长式领导构念和其有效性的研究成果。但目前关于家长式领导三维度有效性的实证研究结论还比较混乱。基于此，本章运用元分析方法，以92篇实证研究（包含了94个独立样本和31 325名员工）为研究对象，选择员工的工作满意度、组织承诺、建言行为、工作绩效、组织公民行为、创新行为作为衡量家长式领导有效性的指标，来探索我国企业组织情境下家长式领导的有效性问题。研究结果表明：(1) 威权领导与各部属效能之间均呈负相关关系，但与工作满意度和组织公民行为的关系并不显著；(2) 仁慈领导和德行领导与各部属效能之间均呈正相关关系；(3) 仁慈领导和德行领导的有效性没有显著的差异，但相较于德行领导，仁慈领导与各部属效能间的相关性更高；(4) 调节分析的结果表明，量表类型和论文发表状态会对家长式领导与部属效能间的关系产生影响。

3 威权领导与组织创新的理论演进

在对家长式领导和员工效能之间的关系进行了元分析之后，本章的目的在于从文献的角度聚焦威权领导以及组织创新的理论演进，以了解威权领导和组织中各个层次创新的研究现状，为本书开展研究奠定理论基础。基于第2章所言，威权领导作为存在于中国本土企业组织中普遍而鲜明的领导风格，大多是附着在家长式领导三元模式之下被研究的（周婉茹等，2014）。家长式领导理论在被樊景立和郑伯埙（2000）提出之初，强调的是一种“在人治的氛围下，所显现的具有严明纪律与权威、父亲般的仁慈及道德廉洁性的领导方式”，包含威权、仁慈和德行三个维度。威权领导是指领导者强调其权威是绝对的、不容挑战的，对部属会做严密的控制，而且要求部属毫无保留地服从，包含威服、专权、隐匿、严峻与教诲五个方面。中国儒家思想中的三纲以及法家的集权与控制思想是威权领导产生的文化根源（樊景立和郑伯埙，2000；周婉茹等，2010）。

三元家长式领导模式自提出以来便受到了来自我国学者的广泛关注

（周浩和龙立荣，2007；李超平、孟慧和时勘，2007；吴敏等，2007；于海波等，2008；鞠芳辉、谢子远和宝贡敏，2008；林春培和庄伯超，2014；刘冰、齐蕾和徐璐，2017；王震和彭坚，2017）。不仅如此，家长式领导的概念也逐渐获得了西方学术界的注意和认可，研究成果已在Journal of Applied Psychology、Journal of Management、Personnel Psychology、Journal of Organizational Behavior、Leadership Quarterly等西方学者主导的一流期刊上发表（如Pellegrini和Scandura，2008；Zhang、Tsui和Wang，2011；Chan等，2013；Chen等，2014；Li和Sun，2015；Schaubroeck、Shen和Chong，2016）。具体进展可参考近年来的几篇重要综述文章，如林姿葶等（2014a）、李艳等（2013）、Wu和Xu（2012）以及Chen等（2010）。

然而在看似一片繁荣之时，家长式领导的研究也开始呈现较大分化（李艳等，2013），如许多研究不再整体分析三元模式，而是选择其中一个或者两个维度进行研究，甚至开始重新进行理论拓展和量表开发（周婉茹等，2010；林姿葶和郑伯埙，2012；Wang等，2017）。通过第2章的元分析也可以看出，相较于仁慈领导和德行领导而言，威权领导在当前研究中面临的质疑和挑战最大（Chen和Farh，2010；周婉茹等，2014；林姿葶等，2014a；黄旭，2017）。通过对20多年来的相关文献进行梳理，我们发现对于威权领导的概念内涵、测量方法、作用机制、作用效果等方面学者们并没有达成一致。因此，对威权领导的相关研究进行梳理，以厘清发展脉络、不一致的缘由显得尤为必要。

值得注意的是，已有学者对威权领导的相关研究进行了细致整理（李艳等，2013；周婉茹，2014；孙雨晴和罗文豪，2018），在不同程度上为我们整体理解威权领导的发展提供了坚实的基础。然而，从样本涵盖量上来说，周婉茹（2014）的研究主要基于中国台湾地区的样本，自威权领导理论建立以来，我国大陆学者陆续对威权领导开展了大量实证研究，且近年来学者们对威权领导提出了新的研究思路，威权领导理论持续得到发展。从内容上来说，孙雨晴和罗文豪（2018）专注于威权领导的实证研究成果，李艳等（2013）的回顾主要涉及威权领导的内涵演化。基于上述原因，本章通过回顾威权领导的相关文献，对威权领导概念的发展历程进行梳理，深入探讨威权领导构念的核心内涵与演进趋势，发现不同测量量表之间的异同，并以此解释威权领导作用效果不一致的可能原因，其发挥作用的边界有哪些；并建立威权领导的整合框架，为威权领导理论的发展提供参考。

3.1 威权领导内涵的演化

我们首先来回顾一下威权领导以及家长式领导在中国知网上的发表趋势。如图3-1所示，以“家长式领导”为主题在中国知网上检索，可以发现，自2004年出现关于家长式领导的研究以来，研究数量持续攀升，其中在2014年和2018年达到了两个高峰，但自2018年之后便持续下滑，这可能与从整体构念来研究家长式领导的研究数量减少有关。近些年，单独对仁慈领导、德行领导及威权领导进行研究的趋势逐渐上升。从图3-2中也可以看出，近年有关“威权领导”的独立研究持续升温，在2018年达到最高点，之后持续稳定。另外，虽然关于威权领导的研究依然较多，但研究数量上有些停滞，这可能与威权领导本身的内涵不清以及与当前现代化转型的中国社会存在一些价值冲突有关，因此本节将首先对威权领导的内涵演化进行探讨。

随着学者们对威权领导理论思考和实证研究的深入，其内涵也不断演化。本书认为对威权领导的探讨可分为四个时期（如图3-3所示）：（1）探索时期：始于意识到该领导风格的存在，终于郑伯埙等（2000）正式提出威权领导。此时，学者们尝试对这种领导风格进行描述，但由于种种原因并未正式提出精准定义。（2）单维时期（一维时期）：该时期的特征是威权领导已作为一个构念被正式提出，而且被学者们视为一个整体构念。（3）双维时期（二维时期）：学者们对威权领导的整体构念提出疑问，并依据不同的控制焦点将威权领导划分成二维构念，周婉茹等（2010）率先开发出专权与尚严两个维度的测量量表，标志着威权领导进入双维时期。（4）争鸣时期：学者们认为社会背景的改变使得传统威权领导中的某些行为已经不适应现代社会，开始在原有威权领导的

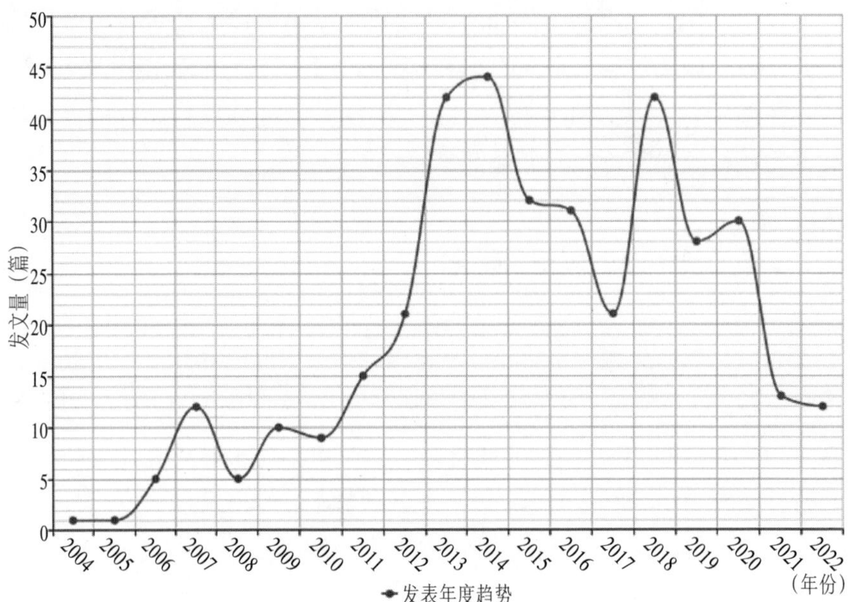

图 3-1　中国知网“家长式领导”主题的研究趋势

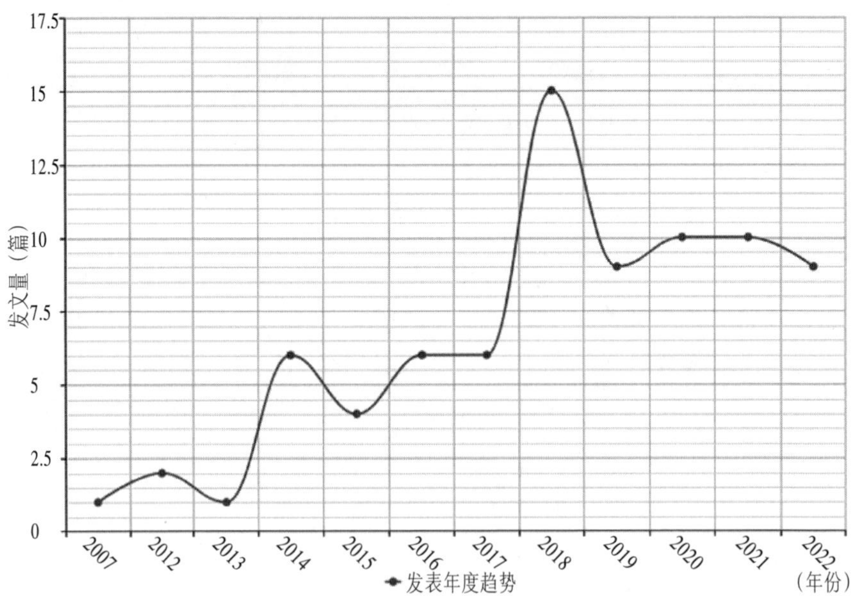

图 3-2　中国知网“威权领导”主题的研究趋势

基础上构建新型威权领导理论。周婉茹（2016）提出的言教领导新概念开启了威权领导的争鸣时期，学者们相继提出以威权领导为基础的其他

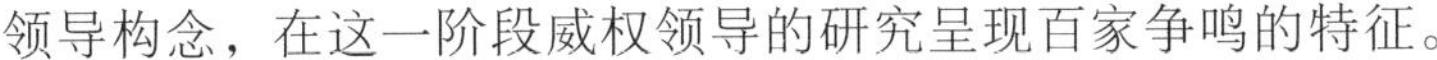
领导构念，在这一阶段威权领导的研究呈现百家争鸣的特征。

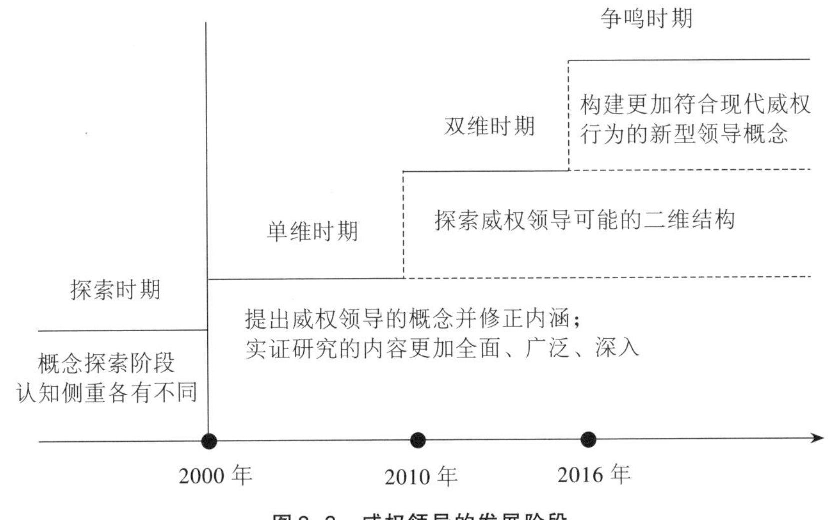

图 3-3 威权领导的发展阶段

3.1.1 探索时期

Silin（1976）通过对中国台湾地区的企业和企业家的观察和访谈，最早意识到该领导风格的存在。在其博士论文中，Silin（1976）将威权领导者的行为风格描述为教诲式领导、中央集权、社会权力距离大、领导意图不明确表达、对部属施展控制与支配，部属会表现出对领导者的完全服从与信任，并通过畏惧感表达对领导者的尊敬。Redding（1990）通过探讨华人家族企业的管理方式，认为威权领导具有层级分明、权威不容忽视、领导者意图不明确表达等内容，部属能够依赖领导者并全面接受领导者的威权。郑伯埙（1995）随后提出家长式领导具有立威和施恩两种行为，其中立威是指领导者强调通过施展控制手法得到部属的顺从，将威权领导描述为包含专权作风、贬抑部属能力、形象整饰和教诲训示四项核心内容的立威行为，部属则会表现出顺从、敬畏和羞愧等行为反应。Westwood（1997）则认为威权领导者还讲究权谋以维持其支配权，通过建立自身的威信来要求部属的完全服从。

在这一时期，学者们虽然关注到威权领导的风格并尝试对其进行描述和定义，但由于文化和社会背景的不同，导致所提出的观点各有侧重，未能对威权领导进行全面的概括。

3.1.2 单维时期

在这一时期，融合威权领导、仁慈领导和德行领导的三元家长式领导的概念内涵首先由郑伯埙和樊景立（2000）提出，他们对最具鲜明特色的威权领导进行了明确界定，即领导者强调个人绝对权威和对下属的严密控制，并要求下属无条件服从其命令，包含专权作风、贬抑部属能力、形象整饰和教诲训斥四种成分。学者们在此基础上开始对威权领导的内涵进行进一步探索。康正男（2005）从运动心理学的角度出发，认为教练员的威权领导包含要求服从、教诲训示和纪律精神三个成分。Farh等（2008）认为随着社会背景的改变，威权领导中的某些行为已经不再被接受，通过删减部分负面内容、增加对威权的定义至关重要的行为，将威权领导内容重新修订为威权与控制、建立声誉、严明纪律。

在该阶段，威权领导已作为一个构念被正式提出，虽然不同学者们对其内涵的认识有所不同，但仍把它视为一个整体构念，故这一阶段可被视为威权领导的单维时期。

3.1.3 双维时期

随着社会观念的现代化以及东西方文化的交流，人们的思想观念开始发生变化。此外，先前的实证研究结果也呈现出不一致，学者们对威权领导的整体构念提出疑问。在此背景下，郑伯埙和周丽芳（2005）再次挖掘威权领导的内涵，发现威权领导可以按照控制点的不同分为两类，即强调对人的控制和对事的控制。周婉茹等（2010）在此基础上，将威权领导划分为专权领导和尚严领导，专权领导来自谋权之术，强调权威和对下属的严格控制，促使下属绝对服从；尚严领导来自领导者的合法权利，强调高绩效和严明的纪律规范。陈婷婷（2011）则从亲子教养的视角将威权领导分为能够提供积极的功能控制与指导的规诲式领导和消极的带来功能失调的专断式领导。Chiang（2012）关注威权领导影响决策的过程，据此将威权领导划分为威权式决策制定和威权式决策实施，威权式决策制定指领导者通过这种领导风格独自负责决策；威权式决策实施指领导者为了确保决策执行所采取的行为。

可见，在这个阶段学者们进行了深入思考，使得威权领导的内涵得到细化，并依据各自关注的焦点，将威权划分为不同的维度。这为厘清之前威权领导研究结论间的不一致，以及对威权领导概念的进一步完善奠定了基础。

3.1.4 争鸣时期

为继续解决有关威权领导研究结论的不一致性问题，以及考虑到社会背景的改变，学者们开始在威权领导概念的基础上构建新的领导理论。Chen和Farh（2008）将工作取向的、监控任务与维持规范的威权领导定义为果断领导，但是并未进行更深一步的探讨与实证，因而本书未将其视作争鸣时期的开端。周婉茹（2016）认为主管的责骂现象蕴含深切期许与用心良苦，基于威权领导中的言语责备开发出言教领导，即领导者针对部属不合格和不够好之处给予教诲，借由隐形的要求与期望刺激部属成长。Chen、Li和Leung（2017）通过借鉴西方的领导理论，提出基于儒家思想的混合型领导概念——“指导-实现”型领导，反映了儒家思想中层级、控制与规范管控的并置。

在这一时期，虽然学者们提出了新的领导风格构念，但是威权领导原有的研究方向并未被完全舍弃。随着时代发展，学者们在原始威权领导构念内涵的基础上进一步深化挖掘，而且探索方向有着不同的侧重点，该阶段对威权领导的内涵探讨呈现百家争鸣的特征。

威权领导的内涵演变见表3-1。

表3-1 **威权领导的内涵演变**

研究者	维度	威权领导内涵
Silin（1976）	一维	为部属提供指导的教诲式领导、中央集权、社会权力距离大、领导意图不明确表达、对部属施展控制与支配
Redding（1990）	一维	部属依赖领导者并全面接受领导者的权威、层级分明、社会权力距离大、权威不容忽视、不明确表达意图

续表

研究者	维度	威权领导内涵
郑伯埙（1995）	一维	专权作风、贬抑部属能力、形象整饰、教诲训示
Westwood（1997）	一维	教诲行为、领导意图不明、讲究权谋以维持其支配权、建立威信并要求部属完全服从、社会权力距离大
郑伯埙和樊景立（2000）	一维	领导者强调个人绝对权威和对下属的严密控制，要求下属无条件服从其命令
康正男（2005）	一维	要求服从、教诲训示、纪律精神
Farh等（2008）	一维	威权控制、建立声誉、严明纪律
Chen和Farh（2008）	一维	果断领导：工作取向、监控任务、维持规范
周婉茹（2010）	二维	专权领导：支配专断、整饰隐匿、贬抑训斥 尚严领导：规范形塑、绩效要求、任务监控
陈婷婷（2011）	二维	规诲式领导：支配专断、整饰隐匿、贬抑训斥 专断式领导：规范形塑、绩效要求、教养培训
Chiang（2012）	二维	威权式决策制定：领导者独自负责决策 威权式决策实施：领导者为了确保决策执行采取的行为
周婉茹（2016）	二维	规过：警告训诫、训责期勉 劝善：督促指导、规劝训诲
Chen、Li和Leung（2017）	三维	规范管控、教诲指导、高绩效要求

3.2 威权领导的测量

测量工具的发展和完善对实证研究至关重要，量表选择的差异很可能直接导致研究结果的不一致。由于对威权领导概念内涵的认知不同，研究者对于威权领导的结构维度与测量方法自然无法达成共识。相应地，已有实证与理论研究中出现了大量威权领导的相关量表。

3.2.1 威权领导单维构念的测量

(1) 郑伯埙 (1996) 立威行为量表

郑伯埙（1995a）提出家长式领导的二元理论模型时，将家长式领导分为立威和施恩两个方面，立威就是领导展现个人权威的行为，郑伯埙（1996）以两项质性研究为蓝本，通过对企业主管的观察和深度访谈，将立威行为划分为专权作风、控制信息、强调服从、贬抑贡献、教诲斥责、要求卓越、形象整饰和隐藏意图八大向度，通过因子分析确定16条目的立威行为量表。此量表大致能够反映威权领导的核心内涵与重要的行为类别，但由于此时家长式领导三元模型还未建立，此量表只作为进一步量表开发的基础，并未在实证中得到广泛应用。

(2) 郑伯埙等 (2000) 威权领导量表

Farh和Cheng（2000）正式提出家长式领导三元模型之后，以立威行为量表为基础，选取20家企业的中层、基层主管和部属为研究对象，描述威权领导的行为表现，通过探索性因子分析将13条目划分为威服、专权、隐匿、严峻和教诲5个因素，选取了企业和学校样本进行验证性因子分析以确认量表的信度和效度，最终整个威权领导量表内部一致性信度系数为0.91。这一量表考虑了中国情境因素，在随后的实证研究中被广泛使用，但仍有继续改善的必要性，需要使问题的修辞进一步精细化，测量条目的数量也可以精简以提高适合度，此量表内容中缺失关于“贬抑贡献”等的内容，而这些也是威权领导者显著的行为特征。

(3) Farh等 (2006) 威权领导量表

Farh等（2006）学者依据我国企业组织的样本数据对威权领导量表进行筛减，考虑威权领导在现代化社会背景中的合法性，删除“贬抑下属”，重新引用其他几个行为来缓解原有的负面影响行为，将原量表的测量条目精简至9条。Farh等（2006）以我国企业组织样本为依据增加了量表的适用性，量表的简化能够进一步推动关于威权领导的实证研究，但此量表中对于条目的删减可能会破坏威权领导的完整性和有效性，进而影响研究结果。

3.2.2 威权领导二维构念的测量

（1）周婉茹（2010）威权领导二维量表

周婉茹等（2010）首先提出威权领导的二维量表，引用郑伯埙等（2000）的威权领导量表内容并进行补充，确定包含“支配专断”、“整饰隐匿”和“贬抑训斥”的专权领导量表；调整原有量表中的某些负向措辞，确定包含“任务监控”、“绩效要求”和“规范形塑”的尚严领导量表，对量表的内容进行效度检验，并通过探索性因子分析确定18个测量条目。此量表在一定程度上丰富了威权领导的内容，使威权领导的内涵更加完整，目前围绕这一分类的研究越来越多（如王磊和邢志杰，2019；张兰霞和孙琪恒，2020）。

（2）陈婷婷（2011）威权领导二维量表

陈婷婷（2011）从亲子教养的视角，将威权领导分为规诲式领导和专断式领导两个维度。专断式领导量表沿用了专权领导量表，仍含有8个测量条目，以中国金融企业和服务企业的中层管理者和员工为研究对象，通过研究对象的描述筛选初始题项，将规诲式领导定义为“高绩效要求”“规范形塑”“教养培训”三个向度，证实了两个维度的互相独立。此量表强调威权领导者的培训指导，增加了二维量表在华人组织研究中的适用性，但其外部效度需要继续检验，其最终的量表过于冗长，可能给实证研究带来问题，同时培训指导的内容也可能与西方领导理论内涵存在重叠。

（3）Chiang（2012）威权领导二维量表

Chiang（2012）将威权领导划分为威权式决策制定和威权式决策实施两个维度，通过对中国台湾地区企业员工的调查重新选择测量题项，通过探索性因子分析得到威权式决策制定的5个条目和威权式决策实施的5个条目，并通过验证性因子分析确定两个维度的独立性，验证了结构效度，所得到的两个量表的一致性系数均为0.88。Chiang（2012）为威权领导研究提供了新的视角，但不能完全体现权威领导的内涵，缺乏可信度和说服力，其维度的区分与测量条目的选择缺少理论性的解释与判断标准。

3.2.3 威权领导争鸣时期的构念测量

（1）言教领导量表

周婉茹（2016）基于威权领导中的言语责备，开发出言教领导，分为“规过”和“劝善”两个维度。其选择131名企业主管进行访谈调查，通过验证性因子分析将警告训诫和训责期勉向度的8个条目归于“规过”维度，将督促指导和规劝训诲向度的10个条目归于“劝善”维度，两个维度具有良好的区分效度。整体来看，言教领导偏重教导而非管控，但言教领导的效用部分取决于下属的自我认知，且教导的成功需要上级的“言”“行”配合。此外，周婉茹（2016）的定义过于专注“言”而缺少对“行”的描述，难以代表威权领导的全貌。

（2）“指导-实现”型领导量表

Chen、Li和Leung（2017）以威权领导概念为基础，借鉴西方领导理论中的部分思想，开发出“指导-实现”型领导概念，并将其分为规范管控（controlling and regulating）、教诲指导（training and instructing）和高绩效要求（demanding for achievement and high performance）三个维度。他们通过对我国金融、服务行业的领导者和员工进行访谈确定领导风格的14个初始题项，通过探索性因子分析确定9个最终题项。整体来看，Chen、Li和Leung（2017）过于强调工作绩效的提升，但威权领导在绩效中发挥的积极作用可能是一种被动的积极；另外，他们借鉴西方领导理论，可能偏离了威权领导理论的基础；同时还缺少对威权领导基本行为特征的描述，难以反映威权领导的整体内涵。

3.2.4 其他学者的尝试

许金田等（2004）开发的威权领导量表含有15个题项，增加了“贬低下属的工作成绩”和“喜怒不轻易表达”两个题项；陈璐（2011）研究威权领导在团队层面的效能时，将郑伯埙等（2000）的威权领导量表精简为8个条目的量表；傅晓（2012）将郑伯埙等（2000）

的量表精简为5个条目的量表，突出威权领导的专权作风；王丹（2016）的量表包含“威服、专权和教诲”的内容，删除了威权行为中的形象整饰和控制信息等内容。表3-2对以上的威权领导测量工具进行了比较。

表3-2 **威权领导测量工具比较**

研究者	维度与条目	内容	评价
郑伯埙（1996）	单维，16	专权作风、贬抑部属能力、形象整饰、教诲训斥	与威权领导概念的一致性水平很高，量表内容完善；实证中运用较少，作为进一步量表开发的基础
郑伯埙等（2000）	单维，13	威服、专权、隐匿、严峻、教诲	被广泛使用，量表的信度和效度均较高；条目过多，未包含贬抑部属能力等内容
Farh等（2006）	单维，9	威服、专权、隐匿、严峻、教诲	以我国企业组织样本为依据增加了量表的适用性，删除具有消极含义的行为表现，阐述更加中立
周婉茹等（2010）	双维，18	专权领导、尚严领导	丰富了威权领导的内容，使威权领导的结构更加完整；目前使用数量呈现上升趋势
陈婷婷（2011）	双维，20	专断式领导、规诲式领导	从亲子教养的角度提供解释，拓展了量表在华人组织中的适用性；量表冗长，与西方领导理论有潜在重叠

续表

研究者	维度与条目	内容	评价
Chiang（2012）	双维，10	威权式决策制定、威权式决策实施	关注控制过程，为威权领导的测量提供了新视角；与主流视角有一定的差异，破坏威权领导的完整性，维度的区分与条目的选择缺少理论依据
周婉茹（2016）	双维，18	规过、劝善	以更加中立与积极的视角解析领导的教诲行为；两个维度的某些内涵容易混淆，不能充分反映威权领导的全貌
Chen、Li和Leung（2017）	三维，9	规范管控、教诲指导、高绩效要求	借鉴西方领导理论，创新了中国情境下威权领导的内涵；偏离威权领导本身的基础，未能充分反映中国情境的文化内涵，可能导致本土领导理论的混淆

3.3 威权领导的触发因素

领导者为何会施展出威权领导行为？学者们对威权领导的影响因素进行了相应的理论研究和实证探索，但是相关研究依旧相对缺乏。现有研究的关注点以文化根源为主，同时对领导者的个人特质及组织情境因素展开了探索。

3.3.1 文化根源

在中国传统文化中，家庭是社会最基本的单位。儒家思想的三纲确立了父权在家庭中的绝对统治地位，父亲对子女等表现出专权、严厉、苛责、距离等行为以彰显威权不容侵犯，子女则表现出绝对的服从。而法家思想进一步强化了父权主义，强调权力的高度集中、法律的严峻、高压统治和严格的思想控制。

威权领导这一领导风格便来源于中国传统社会中的家长权威制度，家族中的家长采取经济专制、思想专制、家政肃然和尊卑等级四项行为方式，使得家族中的成员必须臣服于家长的统治与权威（杨国枢，1993）。这种家长权威会通过泛家族主义的过程延伸到组织中的上下级关系中，表现为上下级间“上尊下卑”的关系和偌大的权力距离，领导者便会对部属表现出威权的领导方式。

3.3.2 个体特质因素

纵观现有研究，学者们认为影响威权领导作风的个人特质因素主要涉及遵从权威取向、敬畏知觉、互动满意度、马基维利主义等（吴宗佑，2008；蔡明彻，2006；Kiazad，2010）。具体来讲，领导个人遵从威权取向与威权领导作风正相关；主管对部属互动的满意度越低，主管对部属施展的威权领导程度就会越高；具有马基维利主义特征的人更倾向于操纵和控制他人，即领导者的马基维利主义越高越容易展现更多的威权领导行为。

3.3.3 组织情境因素

学者们已经对领导员工共事时间、组织文化等影响威权领导行为的组织情境因素进行了实证研究。林姿葶等（2007）通过研究发现，威权领导行为会受到共事时间的影响，领导者所展露的威权行为的差异程度会随共事时间的延长而增加，特别是当女领导面对男下属时，威权领导行为会随着共事时间的增加而更加显著。张鹏程（2010）发现威权领导能够中介组织价值观与员工知识创造活动之间的关系，组织文化会影响领导者的行为方式。

3.4 威权领导的影响结果、作用机制及边界

威权领导的影响效果始终是学者们关注的重点之一，自威权领导理论成立之初，学者们便以多种视角开展实证研究以认识威权领导方式的效果以及作用过程的边界，所涉变量多样，研究结果丰富。但大多数研究集中在个体层次，团队层次、组织层次以及跨层次研究相对缺乏。

3.4.1 单维时期

(1) 影响结果

威权领导概念成立之后，郑伯埙（2000）设想这一领导方式能够带来部属的顺从，进而在组织中产生积极效应。学者们随即开展研究对这一观点进行验证，令人遗憾的是对于威权领导是一种积极的还是消极的领导方式这一问题，不同研究之间并没有达成一致。

一些学者通过实证研究发现，威权领导无论在个体层面，还是在团队、组织层面均会带来消极影响。在个体层面，威权领导对下属的组织公平感、心理授权（周浩，2007；周建涛和廖建桥，2012）等认知，工作满意度、组织承诺等（杨百寅，2013；Wu、Huang和Li，2012）态度，建言和创新等行为（Li和Sun，2015；王振华，2014；李锐，2014；Zheng等，2019）产生消极影响，还会给下属带来畏惧反应（Farh，2006）和愤怒情绪（吴宗佑，2002）等消极的情绪感受。在团队层面，魏蕾和时勘（2010）认为威权领导的控制与监管会使成员丧失工作中的自主性，削弱其心理授权感，抑制团队创造力（石冠峰等，2014），减少团队公民行为（万舒超，2009），还会降低团队的战略决策效果和团队有效性（陈璐等，2010）。在组织层面，朱其权等（2017）认为威权领导会给下属带来强烈的不确定感，可能破坏组织的创新绩效（杨国亮和卫海英，2014）。在跨层次的研究中，威权领导也被证实对员工积极性行为有消极作用（邱功英等，2013；刘冰等，2017；马鹏等，

2018）。

另一部分学者的观点有所不同，在个体层次，郑伯埙等（2003）认为威权领导能够激发下属的依赖顺从和组织承诺。也有研究证实，威权领导与新生代员工之间的匹配程度较好（王少杰等，2018），对员工的组织公民行为、工作繁荣和组织依恋等并未产生显著影响（Zhang和Xie，2017；李大赛，2017；陈玉玲，2017）；对员工的主动性行为（张慧芳，2016）、人际促进（吴有磊，2018）和工作绩效（Wang和Guan，2018）有显著的积极影响。王丹（2016）和刘云硕等（2018）的研究发现，威权领导对员工安全行为的积极影响显著，Gu等（2019）则发现低程度的威权领导可以作为一种压力提升员工的创造力，威权领导与员工创造力之间有着倒U形关系。一个新近的研究也发现威权领导在控制员工的偏差行为上具有积极的震慑作用（Zheng等，2020）。在团队层次，威权领导对团队绩效没有产生显著的负向影响（张新安等，2009），高权威领导的威权行为甚至会有利于团队的知识整合行为（晋琳琳等，2016）。在组织层次，于海波等（2009）指出威权领导能够促进组织学习，对企业绩效提升也能发挥积极作用。Huang等（2015）的研究也发现，在恶劣的经济环境中，威权领导较变革型领导更能促进企业绩效的提升。

近年来，学者们开始探索多种领导行为、特质等一致性所产生的影响，侯楠等（2019）发现当威权领导和仁慈领导一致时，威权和仁慈皆高时会比威权和仁慈皆低时引起员工更多的积极执行，而当威权和仁慈程度不一致时，仁慈高于威权会比威权高于仁慈带来更多的员工积极执行。

（2）作用机制

学者们对单维时期威权领导的作用机制进行了较为丰富的探讨，对从个体层次到组织层次的可能作用过程均进行了研究。

①个体层次

吴宗佑（2002）从情绪和情感视角出发，发现威权领导能够引起部属愤怒、畏惧的情绪感受；张燕等（2012）和李锐等（2014）基于社会交换理论，认为威权领导行为会导致双方关系的强烈不对等，降低下属的互动公平感知和对领导的信任感，进而抑制下属的积极行为。在资源保存理论视角下，领导的专权和贬抑行为会使下属感觉自身的资源难以保障，降低工作自主性和创新积极性（王继斌，2012）。Zheng等（2019）从不确定性管理视角出发，认为威权领导能够增加员工的不确定性进而影响员工的建言行为。其他学者还从社会认知角度进行探索，发现员工会从领导者对待自身的方式中得到自我认知，威权领导会降低下属的组织自尊，从而使员工不愿意为领导或组织作出额外的行为（Chan等，2013）。

②团队层次

从合作–竞争理论视角出发，威权领导的沟通匮乏会使成员认为个人与团队的目标不一致，而采取竞争型的团队冲突处理方式，进而影响团队绩效的提升（张新安等，2009）。韩牛牛（2013）基于情绪感染理论，认为在团队工作中，成员之间的情绪会互相影响，威权领导引起的团队消极情绪会降低团队凝聚力，最终导致团队有效性的降低。在权力视角下，权力支配理论认为威权领导下的上级与下属之间存在巨大的权力差异，这种差异显著降低了团队效能，影响团队绩效（高昂等，2014）。而权力依赖理论指出组织成员在一定程度上需要依赖领导者的权力，以实现自身目标，科研团队中的威权领导所拥有的专业权威是其影响力来源之一，对团队知识行为产生显著的正向影响，提高团队创新效能（晋琳琳等，2016）。

③组织层次

公平理论认为员工会在组织中进行对比，以减少积极行为来弥补自身心理上的被不平等对待感，于海波和郑晓明（2012）提出使用战略性培训和薪酬管理的方式能够培养员工的公平感，刺激员工产生自发的内部比较，威权领导能够经由这一途径正向促进组织学习行为的产生。而杨国亮和卫海英（2014）认为威权领导带来的不确定性会降低企业互动导向，进而降低组织的创新绩效。

（3）边界条件

威权领导发挥作用的边界条件是什么？在某些情况下作用的方向是否会发生改变？随着研究的深入，为了更好地理解威权领导，学者们对可能的情境条件展开探索。对于单维时期的探讨涵盖了个人因素、团队情境、组织情境等。

①个人因素

郑伯埙（2004）等众多学者均认为，对于具有高传统性、重视合规性和遵守义务的下属来说，威权领导的效果显著。中庸思维也是传统文化下的重要情境特征之一，高中庸取向者往往具有采择能力，能够根据形势变化审时度势地灵活处理问题，他们对于威权领导积极面的接纳程度更高（马鹏和蔡双立，2018）。情绪智力包含对他人情绪的评估和对自我情绪的调节等内容，下属的情绪智力越高时，威权领导与工作满意度的负向关系也就越弱（吴宗佑，2008）。从客观角度来讲，下属对主管的依赖程度也能够调节威权领导的影响，Chou 等（2005）发现，下属对主管依赖的程度越高，威权领导的负向作用越弱。陈璐等（2013）提出高权力距离取向的团队成员更尊重权威，能够接受领导的指挥与建议，高集体主义取向的团队成员以对集体的贡献为中心，肯定自身的工作意义，并服从领导的威权作风。

上级特质体现在多个方面，领导者的能力越强，下属越能够并愿意接受其威权领导，Chou 等（2005）发现领导的管理能力在一定程度上能缓冲威权领导对工作绩效的负面影响。具有人情取向的个体能够理解并同情他人，迎合他们的愿望并避免他们的怨恨。Chen 等（2017）发现当领导人情取向高时，威权领导能够通过程序公平认知增加隐性知识共享意向。工作投入是个体在工作中一种持久和积极的状态，而当威权领导的工作投入水平较低时，在工作中花费的时间和精力较少，威权行为的减少能让下属更多地参与到团队工作中，有利于组织工作的进行（李嘉和杨忠，2018）。同时，多名学者已经发现仁慈领导和威权领导具有“恩威并济”的影响效果，即仁慈领导能够缓和威权领导带来的负面影响，增强正面效应（Zheng 等，2019；Gu 等，2019）。

②团队情境

目前有关团队情境的探索主要关注于团队关系，好的团队关系不会损害团队成员的公平感知，反而会为团队工作带来积极影响，在威权领导与团队公民行为之间起正向缓冲作用（万舒超，2009）。

③组织情境

组织情境体现为社会责任取向、组织价值观、企业战略和发展阶段等内容，高社会责任取向的领导既关心企业的长久发展，又关心社会生产力的提高，所推行的组织行动更容易为下属理解和接受，推进组织创新等积极行动的产生（杨国亮和卫海英，2014）。良好的组织价值观重视人性关怀和合作交流，强调顾客导向和社会责任，能够引导组织中的积极行为（组织变革、创新、组织学习）并在一定程度上抵消威权领导可能带来的消极影响（孙锐等，2009）。此外，在不同发展战略和发展阶段的企业中，威权领导的作用效果显著不同，防守者企业面对的环境相对稳定，行为有标准化的规则制度，威权领导能够使下属严格遵守组织规范，对组织的发展有正向影响（郑伯埙、黄敏萍和周丽芳，2002），初创期企业的组织行为具有极高的不确定性，威权领导能够实现组织层面的知识与权力的匹配（程德俊和蒋春燕，2001），指导组织采取正确的行为。

3.4.2 双维时期

(1) 影响结果

随着威权领导二维结构的提出，针对威权领导区分维度的实证研究也有所发展，其中以针对“专权”和“尚严”二分维度的研究为主，对于其他学者划分的维度尚未展开充分探讨。

专权领导在组织中的作用效果主要表现为负向：对部属的情感性组织承诺、情感性主管忠诚及义务性主管忠诚具有显著的负面效果（Chou和Cheng，2007），会降低下属的心理赋能（周婉茹，2010）和工作满意度（连巧婷，2016），减少下属的创新和建言等行为（施让龙等，2016；王磊和邢志杰，2019），与下属的工作绩效呈显著负相关关系（林孟君，2015；黄勇等，2021；朱海腾，2021）。

尚严领导的作用效果主要表现为正向：提升部属的自我效能感及心理赋能感（周婉如，2009），提升下属的工作满意度和工作绩效（连巧婷，2016；朱海腾，2021），增加下属的创新和建言等行为（苏伯丞，

2013；王磊和邢志杰，2019；Zhao 等，2022）。黄勇等（2021）的研究发现，尚严领导与工作绩效之间呈显著的倒 U 形关系，中等水平的尚严领导更有益于提升员工绩效。但尚严领导并未表现出对所有结果的正面效用，连巧婷（2016）发现尚严领导对于工作满意度未产生显著影响。

Chen（2011）将威权领导区分为规诲式领导和专断式领导两个维度，专断式领导与员工的工作绩效和利他行为等工作成果呈负相关关系，而规诲式领导与员工工作成果呈正相关关系。Chiang（2012）随后通过实证研究发现威权领导下的威权式决策制定和威权式决策实施通过与领导能力的相互作用，对工作单位绩效产生正向影响，威权式决策实施的执行力低下时，威权式决策制定通过影响工作单位决策质量提升工作单位效率。

（2）作用机制

由于对双维时期的探讨主要集中于“专权”和“尚严”，学者们在探讨双维时期威权领导的作用机制时也主要集中于此二维度。其主要探讨了威权领导对下属情绪精力和心理状态的影响，包括下属的自我效能（苏伯丞，2013）、工作动力（周婉茹，2014）等；下属对于上下级之间的权力感知也会显著降低其创新行为的发生（王磊和邢志杰，2019）。此外，Chen（2011）等发现下属的领导信任和角色清晰水平也是威权领导的作用机制。

（3）边界条件

在双维时期，学者们仅探讨了家庭化氛围、工作敬业度、其他领导行为等。具体来说，余相宾（2014）的研究发现组织中的家庭化氛围能够缓冲专权领导对下属幸福感的负面影响。连巧婷（2016）发现尚严领导对于工作满意度未产生显著影响，在工作敬业度的影响之下，这种影响表现为负向。仁慈领导等因素能增强尚严领导的正向影响（林孟君，2015）。王磊和邢志杰（2019）的研究则发现，领导-成员交换能够缓解专权领导对员工创新行为的负面影响，但也会减弱尚严领导对员工创新行为的正向影响。黄勇等（2021）的研究发现权力距离调节了专权领导与工作绩效之间的关系，但对尚严领导与工作绩效之间的关系没有调节作用。

3.4.3 争鸣时期

(1) 影响结果

进入争鸣时期后，学者们开始考虑文化交流所带来的思想观念的改变，通过构建新型的领导理论认识威权领导的有效性。

周婉茹（2016）认为言教领导通过传达不合格的评价信息，使部属认识到个人行为未达标准，从而减少偏差行为、增进人际互动，最终实现工作绩效的提升。“指导-实现”型领导实施控制的目的之一，是促进下属的发展和成就，而且此领导行为会对员工的工作绩效产生积极影响（Chen、Li和 Leung，2017）。

(2) 作用机制

在争鸣时期，只有 Chen、Li和 Leung （2017）通过实证研究发现角色清晰和认知信任是威权领导发挥作用的可能途径。

(3) 边界条件

在争鸣时期，只有周婉茹（2016）就调节机制进行探索，她通过实证研究证实面子取向和传统价值观在言教领导与工作绩效的关系上具有调节作用。

整体来看，有关威权领导的研究仍处于单维、双维和争鸣三个阶段的交汇时期，其中单维的威权领导理论已经愈发不能适应当前研究的需要，而对争鸣阶段理论的研究至今未有成熟的探索，对双维威权领导理论的研究方兴未艾，仍有许多值得探讨的空间。因此，本书将基于（二维度的）双元威权领导进行进一步的探索和研究。

3.5 威权领导与组织创新之间的关系

组织创新的起点在于个人创造力，其中创造力与创新是经常被混用的两个概念，但严格来说，创造力不等同于创新。所谓的创新是指“个体、团队或者组织对观点、流程、产品或程序等有意识地引入和应用。

这些观点、流程、产品或程序不仅是新颖的，而且能够造福于个体、团队、组织甚至是整个社会”（West 和 Farr，1990，p.9）。而创造力往往被认为是与产品、服务、流程等相关的新颖且实用的创意或想法（Amabile，1996；Shalley 和 Gilson，2004），其中新颖性（novelty）是指一种新的、区别于现有观点的创意，而实用性（useful）则指一种可以实施的，且无论是在短期还是长期都会对组织有价值的创意。可以看出，只要有合适的条件，创造力可以在任何职业以及任何员工身上发生（Shalley、Gilson和 Blum，2000）。可见，创造力强调的是创意的产生，而创新则侧重于从创意产生、创意执行到创意实施的全过程，更强调创新的应用。

无论是创造力还是创新，都是多层次的概念，在本书中，组织创新的多层次示意图如图3-4所示。从个体层次来看，员工创新包含员工创意产生（即员工创造力）到员工创意实施的全过程。从团队创新来看，团队创新可以有多重角度，一方面可以视为从团队创意产生（即团队创造力）到团队创意实施的全过程，另一方面则可以看成一个双元创新（探索式创新 vs 利用式创新）的过程。就这样，从个体层次的创新汇聚到团队层次，形成了团队层次的创新；团队层次的创新经过转化、升华、实施与应用，整合到组织层次，形成了组织创新。

具体到威权领导与组织创新间的关系，以往研究大多是将威权领导看成一个单一维度来对其与创新或创造力的关系展开研究，得出了不一致的研究结果。许多研究指出威权领导对创新存在负面影响，如Zhang、Tsui和 Wang（2011）研究了变革型领导以及威权领导对团体创造力的影响，他们发现以集体效能和知识分享为中介，变革型领导可以激发团体创造力，而威权领导则会抑制团体创造力。陈璐等（2013）发现CEO的威权领导行为对高管团队创造力具有显著负向影响，其中团队成员的心理授权起到完全中介作用。王双龙（2015）以及李珲、丁刚和李新建（2014）均发现威权领导对员工创新行为具有显著的负向影响。林春培和庄伯超（2014）虽然发现威权领导对管理创新的直接影响不显著，但其负向调节管理创新与组织效能的关系。

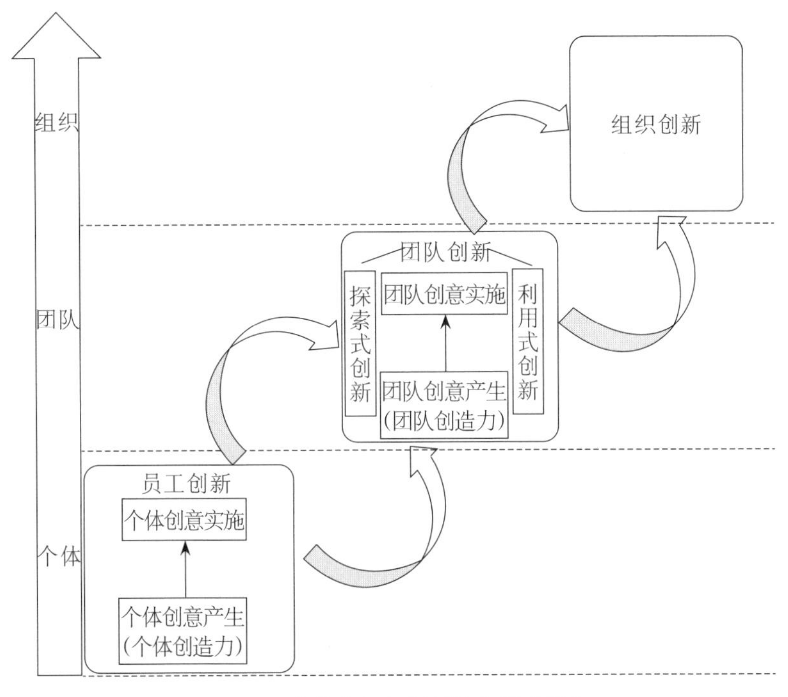

图3-4　本书中组织创新的多层次视角

有些研究则提供了威权领导有利的边界条件，如潘静洲等（2013）发现威权领导对具有创造力的领导者与员工创造力之间的积极关系有正向的调节作用，即具有创造力的领导者越是充分发挥其威权领导，其下属越是能从中获益。傅晓、李忆和司有和（2012）则从企业层面探讨了威权领导与利用式创新、探索式创新及新产品绩效之间的关系，他们发现威权领导对探索式创新的产生无明显影响，却会抑制利用式创新的产生；威权领导对探索式创新的绩效输出无明显调节作用，但能正向调节利用式创新的绩效输出。杨国亮和卫海英（2012）则运用实验的方法发现在高社会责任取向下威权领导对组织创新绩效的正向作用大于仁慈领导和德行领导的作用，而在低社会责任取向下威权领导对组织创新绩效具有比仁慈领导和德行领导更强的负向作用。常涛、刘智强和景保峰（2016）发现，平均威权领导对团队创造力没有显著直接影响，其影响效应更多地体现在与平均仁慈领导、平均德行领导的交互作用上。

可见，研究者对威权领导与创新之间的关系没有形成一致认识。因此，到了威权领导的二维阶段，王磊和邢志杰（2019）率先对专权和尚严领导对员工创新行为的影响进行研究，他们发现，在威权领导的两个维度中，专权领导对员工创新行为有负向影响，而尚严领导则对员工创新行为有正向影响，权力感知在这一过程中起到中介作用，这一定程度上调和了威权领导与创新之间的复杂关系。Zhao、Su和Zhang等（2022）则基于事件系统理论，通过质性资料研究发现，专权领导对员工创造力有戕害作用，而尚严领导可以提升员工的创造力。Zhao等（2022）进一步发现，尚严领导可以通过创造力自我效能感来对员工创造力产生积极影响。

整体来看，双元的威权领导对员工创新的影响已经在一定程度上被厘清，不过对于双元威权领导的具体影响机制，以及其对团队创新的影响，相关研究依然缺乏，这成为当前研究的一个重要缺口。接下来，本书将对双元威权领导与创新之间的关系进行深入探索。

4　自我决定视角下双元威权领导对员工创新行为的影响机制研究

4.1　概念模型与研究假设

本章重点探讨自我决定视角之下双元威权领导与员工创新行为之间的关系。之所以关注员工创新行为，是因为该行为是组织创新并获得竞争优势的重要源泉（Anderson等，2014）。周婉茹等（2010）根据控制焦点的不同将威权领导分为控制事的尚严领导和控制人的专权领导，尚严领导和专权领导是否会对强调员工自主的员工创新行为产生不同影响呢？以往的研究虽然从下属对于上下级之间的权力感知角度，探索了双元威权领导对员工创新行为的影响（王磊和邢志杰，2019），但缺乏从自我决定动机视角的探究，本章将重点探讨自我决定视角下的尚严领导和专权领导与员工创新行为之间的关系。

工作动机是一系列激发与工作绩效相关的行为，并决定这些行为的形式、方向、强度和持续时间的内部与外部力量（Pinder，1998），一直是研究员工创新行为的重要基础（张景焕等，2011）。自我决定理论突破了以往将工作动机分为内在动机、外在动机的两分法，辨识出员工从事活动的自主性工作动机和控制性工作动机（Ryan和Deci，2000）。Hennessey（2000）指出，自我决定理论为解释员工创新动机提供了新视角，即动机对员工创新的影响并不是单纯通过内部或外部动机实现的，而是基于个体对自身内外部动机以及环境因素的整合来实现的。受自主性工作动机调节的员工能够主动识别问题并产生新的解决方案（张剑和郭德俊，2003）；而控制性工作动机将影响员工对创新行为的收益与成本，以及外部环境的评估，进而影响他们是否进行创新（Morrison，2014）。基于此，我们认为尚严领导和专权领导可以通过激发员工的不同工作动机进而差异化地影响员工创新行为。

综上，本研究试图将双元威权领导引入员工创新行为的影响模型，通过自我决定理论，探究自主性工作动机和控制性工作动机在尚严领导、专权领导影响员工创新行为过程中的中介作用，系统地分析“控制”内涵不同的尚严领导和专权领导对员工创新行为的影响差异，以期为组织有效增加员工创新行为提供指导。本章的理论模型如图4-1所示。

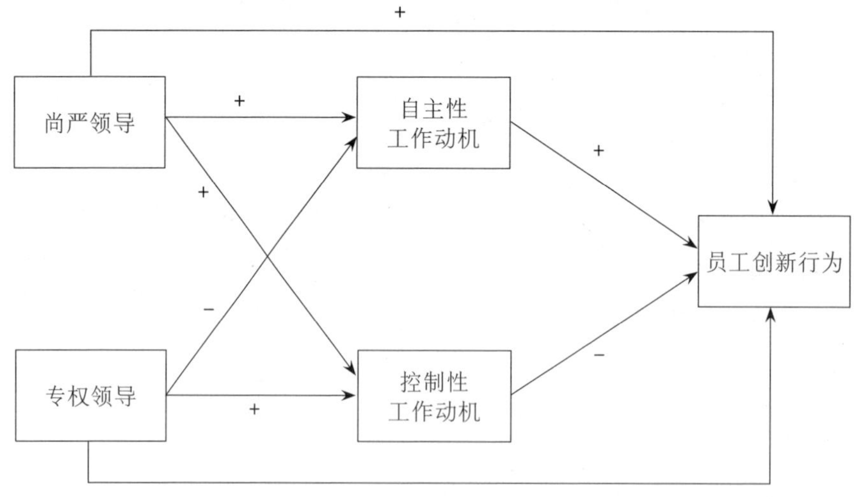

图4-1 自我决定视角之下的双元威权领导与员工创新行为理论模型

4.1.1 自我决定理论

自我决定理论（self-determination theory，SDT）是最早由美国学者Deci和Ryan提出的关于个体自我决定行为的动机过程理论，旨在解释个体某些行为背后的动机来源（Deci和Ryan，1985，1991）。自我决定理论基于动机的自主程度，将工作动机划分为自主性工作动机（autonomous motivation）和控制性工作动机（controlled motivation）（Ryan和Deci，2000）。其中，自主性工作动机指因对某项工作或任务的价值充分认可（发自内心的热爱，认为该工作或任务对自已有意义等）而产生的对所从事工作的强烈动机倾向；控制性工作动机指人们由于工作中被外部条件或内部心理强迫或控制而产生的对所从事工作的动机倾向（郝宁和汤梦颖，2017；赵燕梅等，2016；Deci等，1989；Ryan和Deci，2000）。显然，自主性工作动机是个体自我可控且可选择的，自我决定的程度较高；而控制性工作动机是个体不可控和不可选择的，自我决定的程度较低（Deci和Ryan，2008）。

自我决定理论指出，自主（autonomy）、胜任（competence）和关系（relatedness）三种基本心理需要是个体心理成长、内化和心理健康必备的条件。“自主需要”指个体体验到依据自己的意志和选择从事活动的心理自由感；“胜任需要”指个体体验到对自己所处环境的掌控和能力发展的感觉；“关系需要”指个体体验到与别人联系，关爱他人以及被关爱的感觉（Ryan和Deci，2017）。因此，当组织环境能够满足员工的自主、胜任和关系需要时，就会体验到工作或任务的意愿感，从而促进员工对工作的认可和热爱，增强员工的自主性工作动机，并最终促进员工行为的产生（Gagné和Deci，2005）。然而，当员工在工作活动中会体会到较强的强迫感和被控制感时，则会展现出较高的控制性工作动机，并进一步影响员工的工作态度和工作行为（Ryan和Deci，2000；赵燕梅等，2016）。

4.1.2 双元威权领导与员工创新行为

根据控制焦点的不同，威权领导可分为控制事的尚严领导和控制人的专权领导（周婉茹等，2010）。其中，尚严领导是指领导者根据组织标准及规范，监控员工的工作任务与工作规范，强调对任务的全面掌握，督促员工关注组织目标（周婉茹等，2010；Chou 等，2006）。根据第3章的文献回顾，该维度通常会对员工的工作绩效、建言行为、创新行为等产生积极影响（王磊和邢志杰，2019；朱云鹃和丁国栋，2020；张兰霞和孙琪恒，2020）。与尚严领导不同，专权领导强调个人权威，领导者将组织资源的分配权牢牢地握在自己手中，要求员工的绝对顺从（周婉茹等，2010）。研究表明该维度会对员工的行为产生消极作用（王磊和邢志杰，2019；朱云鹃和丁国栋，2020；张兰霞和孙琪恒，2020）。综上，尚严领导和专权领导在控制内涵上的差异，可能会对员工创新行为产生不同的效应。尚严领导强调对事的控制，促进员工工作目标的完成，可能有助于员工创新行为的产生；专权领导则强调对员工的控制，旨在维持其权力优势和对员工的掌控感，在一定程度上可能不利于员工创新。

（1）尚严领导与员工创新行为

员工创新行为是指员工产生新颖、有用的想法，并将其转换成产品或服务的过程（Scott 和 Bruce，1994）。首先，尚严领导者会依据组织规范与组织纪律严格要求下属，充分掌握下属的工作细节并要求下属绩效的达成（周婉茹等，2010），能够引发员工较高的自我要求和工作投入，进而增强员工对领导者的认同与信任（Cheng 等，2004；Farh 等，2006）。而高认同感会使员工对组织产生较强的积极情感（Armstrong 和 Schlosser，2011），使得员工愿意承担风险，以提出新颖的想法来帮助领导更好地实现组织绩效目标，进而有利于创新行为的产生并加以实践。其次，尚严领导者会提供明确的工作目标，并对下属进行事无巨细的指导（周婉茹等，2010）。清晰的工作目标和工作任务会有效降低员工在工作过程中的不确定性和不安全感，使其有能力和信心完成任务

(Kohn, 1990)，激发其在思考和解决问题时采取更加灵活的方式，使其能够运用新的方式或技能来完成组织目标。再次，尚严领导者为员工提供工作指导并授予一定的工作权限，帮助员工达到工作目标的同时，也能够增加员工在工作中的自主性和意义感（Deci和Ryan，1985），进而促进领导者与员工之间建立高质量的社会交换关系（Simon和Mark，2012）。在这种情境下，员工更容易从其领导者那里获得反馈等各种形式的支持（Ferris等，2009），因此也更愿意从事有益于组织的活动（苏伟琳和林新奇，2019），进而促进员工创新行为的产生。由此，提出假设：

假设H1a：尚严领导正向影响员工创新行为。

（2）专权领导与员工创新行为

对于专权领导来说，第一，专权领导者将组织资源的分配权牢牢地握在自己手中，要求员工绝对地服从与顺从（周婉茹等，2010）。他们为了维持和巩固已有的权力距离优势，不会向下属透露任何有关组织的重要信息，甚至会表现出贬低下属能力的行为（周婉茹等，2010）。因此，在这种领导行为下，员工很难与领导者建立信任和忠诚的积极情感，甚至会产生畏惧心理，因此也很难与领导者之间形成高质量的领导成员交换关系（Chou和Cheng，2014）。而在低质量关系中，员工与领导者之间的互动交流十分有限，员工感受不到领导者的信任与支持（Farh和Cheng，2000），这显然不利于创新。第二，专权领导者拥有极大的控制欲望，密切监视下属的言行举止（周婉如等，2010）。因此，在专权领导者的严密控制下，员工会因为缺乏在工作上的自主性以及工作上的主观感受而产生不满心理（Deci和Ryan，1985；Deci等，1989），进而产生怨恨和愤怒等负面情绪（Skarlicki等，1999），不利于员工创新行为的产生。第三，专权领导者自认为无所不知，只进行自上而下的单向沟通，不征询或采纳下属的意见（周婉茹等，2010），甚至会把下属提出的新颖想法视作其“想出风头”，担心这类员工会超越自己，从而对他们进行打压（樊景立和郑伯埙，2000）。基于此，为避免自己的地位、形象和职业生涯受损，员工往往会顺从领导者并减少超越职责范围的创新行为。由此，提出以下假设：

假设H1b：专权领导负向影响员工创新行为。

4.1.3 自主性工作动机的中介作用

首先，尚严领导者对员工进行一定程度的授权，并提供明确的工作目标，甚至告知员工组织的产品策略目标等（周婉茹等，2010）。这些关于组织与工作信息的获得，能够使员工产生自己是组织中有影响力的一分子的知觉（Spreitzer，1995；Quinn和Spreitzer，1997），进而增强员工在工作中的意义感和自主性（Deci和Ryan，1985）。因此，尚严领导满足了员工对自主的需求。第二，尚严领导者为员工制定其工作范围内的目标与任务并严格监控（周婉茹等，2010），在防止员工偏离组织目标的同时，培养他们的工作技能，促使他们以高标准完成工作任务（Lee等，2018），有效满足了员工的胜任需求。第三，尚严领导者严格要求绩效并维护组织规范，会引发员工较高的自我要求和工作要求，增强员工对领导者的认同感（Cheng等，2004；Farh等，2006），进而促进领导者与员工之间建立高质量的社会交换关系（Simon和Mark，2012），从而满足员工的关系需求。依据自我决定理论，尚严领导满足了员工自主、胜任和关系的三大基本心理需求，从而激发员工的自主性工作动机。

自主性工作动机指个体充分遵循其内心的真实想法、感受和期待而产生工作愿景（Deci和Ryan，2000）。当员工具有较高的自主性工作动机时，他们会更加认可组织的工作和目标，因此也更愿意投入更多的时间和精力到工作中（Bidee等，2013；Gagné等，2015）。在这种情况下，员工会在工作中表现得更积极，主动发现工作中的问题与不足，并进行探索性的有益尝试（宋嘉艺等，2019），从而产生富有创意的想法并付诸实践（Hirt等，1997）。同时，自主性工作动机能够提升员工的情感承诺（Battistelli等，2013；Gagné等，2015）。那些具有较高情感承诺的员工愿意为了团队和组织的利益付出更多的努力（王圣慧等，2019），进而促进员工创新行为的产生。同时，已有研究表明，自主性动机可以改善需要深度加工的任务或者复杂的启发式任务的表现

(Deci 和 Ryan，2008)，进而增加个体的创造性表现（张景焕等，2011)。基于此，提出假设：

假设H2a：员工自主性工作动机中介了尚严领导与员工创新行为之间的关系。尚严领导正向促进员工自主性工作动机的产生，进而促进员工创新行为的形成。

第一，与尚严领导者不同，专权领导者为了维持其权力距离的优势，会严密控制重要的信息，不把信息透露给员工（郑伯埙，2005；周婉茹等，2010)。专权领导者运用职位权力影响员工，并要求员工的服从与依附，因此员工的自主需求难以得到满足（Cox 等，2006)。第二，专权领导者为巩固其地位，对员工所提出的任何想法和建议都会视而不见。下属会因自己的意见被忽视而认为自己不能对工作结果或组织环境产生影响力（王磊和邢志杰，2019)。因此，员工的胜任需求无法被满足。第三，专权领导者较少授权，甚至密切关注员工的一举一动（周婉茹等，2010)。在此情境下，员工对领导者会产生畏惧心理，与领导者之间形成巨大的沟通隔阂与权力落差，并更多地感受到来自领导的威慑和压力，更难与领导者建立积极的情感关系。也就是说，专权领导很难满足员工对于关系的需求。综上，专权领导较难满足员工的自主、胜任和关系需求，进而不利于员工自主性工作动机的产生。

自我决定理论指出，个体的自我决定行为会受到自主性工作动机的驱使（Deci 和 Ryan，2000)，自主性工作动机越弱，其实施角色外行为（如员工创新行为）的可能性就越小。具体而言，低自主性工作动机的员工对组织及工作的认可程度更低（Bidee 等，2013；Gagné 等，2015)，使得他们不愿意为组织投入时间和精力，往往会采取抑制的行为模式，所以很少作出带有冒险性的、职责以外的创新行为。因此，提出假设：

假设H2b：员工自主性工作动机中介了专权领导与员工创新行为之间的关系。专权领导减少了员工自主性工作动机的产生，进而不利于员工创新行为的产生。

4.1.4 控制性工作动机的中介作用

首先，根据自我决定理论，若个体认为行为是由外部原因引起的，如员工觉得符合组织规范会受到奖赏，或者不按组织规则从事组织活动会受到惩罚，他们会有一种外部因果关系定位的感知（周金帆和张光磊，2018）。具体而言，尚严领导者为员工制定其工作范围内的目标与任务，在一定程度上防止了员工偏离组织目标（周婉茹等，2010），当员工完成工作目标后，领导者则会兑现承诺，给予相应的报酬与奖励（赵红丹和江苇，2018），进而促进员工控制性工作动机的形成。其次，尽管尚严领导能够满足员工对自主、胜任和关系的需求，但是尚严领导的本质仍是控制，只是焦点在于工作任务（周婉茹等，2010）。例如，尚严领导者会采用严格的管理方法，督促员工按时完成工作进度，并要求员工遵守组织规则（周婉茹等，2010）。因此，领导者对员工的监管会影响员工的控制性工作动机（林新奇等，2022）。

控制性工作动机是由于工作中被外部环境支配或内部心理强迫而产生的对所从事工作的动机倾向（赵燕梅等，2016；Deci 等，1989；Ryan 和 Deci，2000）。自我决定理论认为，控制性工作动机的员工会出于公司内部或外部压力而从事活动（Deci 和 Ryan，2008）。因此，在面对来自尚严领导者较高的绩效压力和执行力要求时，员工更多地考虑自我保护，往往会采取抑制的行为模式，很少作出带有冒险性、职责以外的创新行为（Keltner 等，2003）。换言之，员工的控制性工作动机使员工承受来自组织和领导者的压力，直接影响员工创新行为的发生。由此，提出假设：

假设 H3a：员工控制性工作动机在尚严领导与员工创新行为之间起中介作用。尚严领导促进员工控制性工作动机的产生，进而抑制员工创新行为的产生。

同时，专权领导强调对人的控制，领导者通过操控手段引发员工完全的服从（周婉茹等，2010），因此也会促进员工控制性工作动机的形成。首先，专权领导者拥有较强的控制欲，严密控制大小事务，坚持绝对权威（Chou 等，2006）。在这种独断专权的严密控制下，领导者通过监管或惩罚的方式引导员工的付出与依从，进而产生控制性工作动机（Reeve，2006）。其次，专权领导者会贬低员工的贡献，并训斥或责骂员工，员工会因为工作表现受到质疑而对自己的能力失去信心（周婉茹等，2010）。因此，员工的自我价值感受损，倾向于依附领导者的指令工作（Gist 和 Mitchell，1992），进而促进了控制性工作动机的产生。

根据自我决定理论，不同动机反映了个体差异化的心理过程，受组织情境的影响并对个体认知与行为具有预测作用（Gagné 和 Deci，2005）。因此，如上文所述，有控制性工作动机的个体在外界控制的压力下，较少在工作中投入更多的时间与精力，进而抑制创新。综上，提出假设：

假设 H3b：员工控制性工作动机在专权领导与员工创新行为之间起中介作用。专权领导能够促进员工控制性工作动机的产生，进而不利于员工创新行为的产生。

4.2 研究设计

4.2.1 样本收集

本研究的样本为东北一家大型装备制造企业的员工（具体问卷请参考附录 1）。所有问卷填写均采用匿名形式，为了避免同源方差的潜在影响，本研究分三次获取员工数据，时间间隔为一个月。在时点 1，由员工评价其感知的上级领导的尚严领导和专权领导行为；在时点 2，由员工评价其自主性工作动机和控制性工作动机；在时点 3，由员工对其创新行为作出评价。本次问卷最初发放至 625 名员工，通过三轮数据的筛选匹配，共获得有效问卷 445 份，有效回收率为 71.2%。

在最终样本中，男性占比 73.5%；年龄均值为 37.8 岁（SD = 13.26 岁）；初中、高中及中专、专科、本科、硕士及以上学历分别占比 26.5%、35%、15.8%、19.9% 和 2.8%；平均工作年限为 9.57 年（SD =

2.97年）。

4.2.2 测量工具

本研究均采用已被证实的成熟量表，具有良好的信效度。问卷采用李克特5点量表，其中领导行为的1至5代表频率，即“从未发生”到“一直发生”，其他变量的1至5代表“非常不同意”到“非常同意”。

（1）尚严领导。本研究采用周婉茹等（2010）的研究中开发的量表，共有10个题项，如“领导会督促我的工作进度，要求我全力达成”等。该量表的Cronbach's α值为0.931。

（2）专权领导。本研究采用周婉茹等（2010）的研究中开发的量表，共有8个题项，如“领导者会贬低我在工作上的贡献”等。该量表的Cronbach's α值为0.909。

（3）自主性工作动机。本研究采用Gagné等（2010）的研究中开发的量表，共有6个题项，如“我非常喜欢这份工作”“我选择这份工作是因为它能让我达到我的人生目标”等。该量表的Cronbach's α值为0.888。

（4）控制性工作动机。本研究采用Gagné等（2010）的研究中开发的量表，共有6个题项，如“这份工作使我达到了一定的生活水准”等。该量表的Cronbach's α值为0.805。

（5）员工创新行为。采用Welbourne等（1998）开发的量表，共有5个题项，如“工作中，我经常会产生一些有创意的点子或想法”等。该量表的Cronbach's α值为0.870。

（6）控制变量。本研究将员工的性别、年龄、学历和工龄作为控制变量。

4.3 研究结果

4.3.1 验证性因子分析

为了检验重要研究变量的结构效度和区分效度，本研究对尚严领导、专权领导、员工自主性工作动机、员工控制性工作动机和员工创新行为进行验证性因子分析。由于尚严领导和专权领导的测量条目较多，样本量相对较少，因此为了保证模型与数据之间的匹配度及模型的拟合度，根据Mathieu和Farr（1991）的建议，本研究对数据进行打包处理，根据探索性因子分析所得出的各个题项因子载荷，按照最大与最小、第二大与第二小合并的规则对测量题项进行两两合并，最后形成5个题项测量尚严领导、4个题项测量专权领导。如表4-1所示，与其他5个竞争模型相比，打包后的五因子模型的拟合度（$\chi^2/df = 2.67$，RMSEA = 0.057，CFI = 0.932，TLI = 0.939）更优。

表4-1　　区分效度分析结果汇总

	χ^2	df	χ^2/df	RMSEA	TLI	CFI
五因子模型（ZQ、SY、A、C、I）	772.073	289	2.67	0.057	0.932	0.939
四因子模型1（ZQ+SY、A、C、I）	847.709	293	2.89	0.071	0.823	0.830
四因子模型2（ZQ、SY、A+C、I）	2 024.936	293	6.91	0.107	0.759	0.783
三因子模型（ZQ+SY、A+C、I）	2 097.718	296	7.09	0.109	0.752	0.774
二因子模型（ZQ+SY+A+C、I）	3 709.059	298	12.45	0.150	0.533	0.572
单因子模型（ZQ+SY+A+C+I）	4 652.259	299	15.56	0.169	0.406	0.454

注：ZQ代表专权领导；SY代表尚严领导；A代表自主性工作动机；C代表控制性工作动机；I代表员工创新行为；“+”代表多个因子合并为一个因子。

4.3.2 同源方差检验

虽然本章分三个阶段对调查对象收取问卷以规避同源偏差的影响，但由于本研究意在探讨员工自身对其领导者和工作的看法，问卷皆由员工自我报告，调查结果仍可能受到同样测量环境、项目语境等引起的人为共变的影响。本研究采用Harman's单因素法对同源偏差的严重程度进行检验，结果显示此检验共析出5个因子，且第一个因子的变异解释量只达到29.12%，并未超过40%，表明此研究并未受到同源偏差的严重影响，此检验提高了研究结果的可靠性。

4.3.3 各变量间的描述性统计分析

如表4-2所示，尚严领导与员工创新行为呈正相关关系（$r = 0.283$，$p < 0.01$）；专权领导与员工创新行为呈负相关关系（$r = -0.192$，$p < 0.01$）；尚严领导与员工自主性工作动机呈正相关关系（$r = 0.161$，$p < 0.01$），专权领导与员工自主性工作动机呈负相关关系（$r = -0.112$，$p < 0.05$）；尚严领导与员工控制性工作动机呈正相关关系（$r = 0.128$，$p < 0.01$），而专权领导与员工控制性工作动机相关性不显著（$r = -0.003$，*n.s.*）；员工自主性工作动机和控制性工作动机与员工创新行为均显著正相关（$r = 0.445$，$p < 0.01$；$r = 0.411$，$p < 0.01$）。

表4-2 **各变量的均值、标准差及其之间的相关系数**

	1	2	3	4	5	6	7	8	9
1.性别	1								
2.年龄	-0.214**	1							
3.学历	0.317**	-0.497**	1						
4.工龄	-0.115**	0.496**	-0.212**	1					
5.尚严领导	0.094	-0.082	0.080	-0.096*	(0.931)				
6.专权领导	-0.147**	0.151**	-0.154**	0.106*	-0.255**	(0.909)			
7.自主性动机	0.034	-0.002	-0.046	-0.068	0.161**	-0.112*	(0.888)		
8.控制性动机	-0.122*	0.016	-0.122*	-0.070	0.128**	-0.003	0.379**	(0.805)	
9.员工创新行为	0.037	-0.070	-0.027	-0.049	0.283**	-0.192**	0.445**	0.411**	(0.870)
均值	1.26	3.43	2.37	3.19	3.74	2.12	3.34	3.22	3.42
标准差	0.44	1.15	1.15	0.99	0.91	0.80	0.92	0.89	0.77

注：N=445；**p<0.01，*p<0.05（双尾检验）。

4.3.4 假设检验

本研究使用Mplus7.4，采用结构方程路径分析方法检验研究假设。该方法能够从整体上验证本研究的假设模型，因为其可以对多个回归方程进行检验，所以能够同时处理多个自变量和一个因变量之间的关系。如图4-2所示，在控制人口统计学变量后，员工创新行为对尚严领导（$\beta = 0.209$，$p < 0.01$）和专权领导（$\beta = -0.159$，$p < 0.01$）的回归系数均显著。因此，假设H1a、H1b均得到验证。

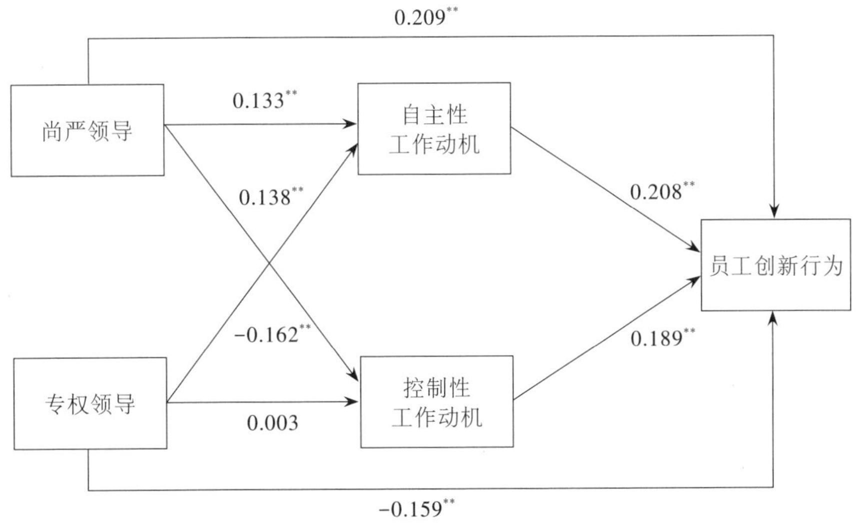

图4-2 模型路径系数

注：N=445；**p<0.01，*p<0.05（双尾检验）。

从图4-2可知，尚严领导正向积极预测员工自主性工作动机（$\beta= 0.133$，$p < 0.01$），专权领导则负向预测自主性工作动机（$\beta= -0.162$，$p < 0.01$），而员工的自主性工作动机与员工创新行为呈显著正向关系（$\beta = 0.208$，$p < 0.01$）。为了进一步验证中介效应，本研究采用Preacher等（2010）推荐的parametric bootstrap程序（Monte Carlo复制 = 20 000次）来检验员工工作动机的中介效应。如表4-3所示，尚严领导和专权领导通过自主性工作动机影响员工创新行为的间接效应值分别为0.028、-0.034，95%的置信区间分别为［0.023，0.104］、［-0.101，-0.013］。

因此，假设H2a、H2b得到支持。

表4-3 Bootstraping的分析结果

路径	间接效应估计值	95%校正偏差置信区间	
		下限	上限
尚严领导→自主性工作动机→员工创新行为	0.028	0.023	0.104
专权领导→自主性工作动机→员工创新行为	−0.034	−0.101	−0.013
尚严领导→控制性工作动机→员工创新行为	0.026	0.015	0.084
专权领导→控制性工作动机→员工创新行为	−0.001	−0.047	0.031

从图4-2可知，尚严领导积极促进员工控制性工作动机的产生（$\beta = 0.138$，$p < 0.01$），但是专权领导对员工控制性工作动机的影响并不显著（$\beta = 0.003$，*n.s.*），而员工的控制性工作动机与员工创新行为呈显著正向关系（$\beta = 0.189$，$p < 0.01$）。同样地，采用Preacher等（2010）推荐的parametric bootstrap程序（Monte Carlo复制 = 20 000次）进一步检验中介效应。结果显示，尚严领导通过员工控制性工作动机影响员工创新行为的间接效应值为0.026，95%的置信区间为［0.015，0.084］，不包含零，与我们的预想不一致，因此，假设H3a不成立。同时，专权领导通过控制性工作动机进而影响员工创新行为的效应值为−0.001，95%置信区间包含零，假设H3b未得到验证。

4.4 本章小结

本研究主要得到以下结论：尚严领导能够促进员工创新，而专权领导则抑制员工创新。自主性工作动机在尚严领导与员工创新行为、专权领导与员工创新行为之间起中介作用，但方向并不相同。同时，尚严领导还通过控制性工作动机的中介作用促进员工创新行为的产生。不过，我们发现控制性工作动机在专权领导与员工创新行为之间的中介作用并不显著。员工之所以不愿意主动创新是因为创新具有一定的风险，往往伴随着很大的不确定性，而受控制性工作动机调节的个体注重避免风险和惩罚（张剑等，2010）。而受到控制性工作动机驱动的员工，在工作中也希望证明自己的价值（Gong等，2017）。在组织中，他们为了获得领导者以及同事的认可，进而获得更高的社会地位，愿意付出努力并创新。例如，有控制性工作动机的员工会出于公司内部（如内疚）的压力而表现出某些行为。因此，员工对组织中创新绩效的损失会产生内疚感（Greenberg等，2009）。为了避免内疚感，受控制性工作动机调节的个体在面对组织中的问题时会付出努力（Bidee等，2013；Gagné等，2015），进而促进员工创新行为的产生。

本研究具有如下理论贡献：第一，打破了已有研究对威权领导的认识。通过将威权领导划分为尚严领导和专权领导，并分别探究尚严领导和专权领导对员工创新行为的不同作用效果，打破了以往研究对于控制性领导容易导致非伦理行为单一结果的认知（张永军等，2017；李志勇等，2019）。同时，该结果不仅丰富和拓展了对威权领导完整内涵的理解，也为更好地理解现代企业情境下威权领导内涵的现代转化提供理论支持，为后续研究提供一定的参考。

第二，本研究丰富了有关员工创新行为驱动因素的研究。虽然近年来学术界丰富了威权领导对员工创新行为影响的研究，然而研究得出的作用效果存在显著差异（孙雨晴和罗文豪，2018）。一些研究表明威权领导对员工创新行为有显著负向影响（鞠芳辉等，2008；李珲等，2014；杨轶清等，2016）。另外一些研究则指出，威权领导未必会抑制员工的创新行为（林春培和庄伯超，2014；常涛等，2016），甚至有可能产生积极作用（傅晓等，2012；潘静洲等，2013）。而Zhao等（2022a，2022b）的研究也进一步印证了尚严领导对个体创新或创造力的积极影响。因此，本研究基于具有鲜明本土特色的威权领导风格，明确其“控制”内涵以及威权领导不同维度下员工创新行为的产生机制，丰富和深化了员工创新行为影响因素的相关研究。

第三，本研究基于自我决定理论，从自主性工作动机和控制性工作动机两个角度，分别探究尚严领导和专权领导对员工创新行为的作用机理。值得注意的，虽然新近研究已从权力感知、职业使命感视角解释双元威权领导如何有效作用于员工行为（王磊和邢志杰，2019；朱云鹃和丁国栋，2020；张兰霞和孙琪恒，2020），但是领导者会从多个方面影响员工的动机，进而影响员工的创新行为。因此，本研究从自我决定理论出发，不仅为理解尚严领导、专权领导如何对员工创新行为产生影响提供了新的理论解释，并且进一步以自我决定理论对员工心理与行为的原因分析提供了实证证据。

本研究结论对组织管理实践亦具有一定的启示。首先，在面对当今复杂多变的外部环境时，领导者应该充分意识到传统的威权观念的转变。具体而言，领导者应该纠正“威权领导必然有害”的错误观念，通过对员工的工作情况进行监管、提出一定的绩效要求等，塑造威权领导的尚严风格，进而促进员工创新等积极行为的产生；同时，单纯的隐匿信息、要求绝对服从和操纵控制的专权领导行为已经无法适应新生代员工的心理需要和价值判断，领导者应该尽量避免该行为的产生。其次，领导者必须认识到提供自主性工作动机和外部的控制性工作动机同等重要。一方面，管理者应适当通过有效领导方式给予员工一定的自主性，允许员工犯错，对于员工提出的意见给予足够重视，促进领导者与员工建立积极的关系；另一方面，也需要及时提供奖励并对员工进行适时控制，引导员工为实现组织目标和提高组织绩效而努力。

5 冲突视角下双元威权领导对团队创造力的影响机制研究

5.1 概念模型与研究假设

越来越多的公司正采取团队工作的形式，面对错综复杂的外部环境和日益激烈的市场竞争，提高团队创造力是企业获得竞争优势的重要来源。团队创造力并不是员工创造力的简单加总，而是复杂的团队过程形成的结果，其中，领导行为是影响团队创造力的重要因素（Chen 等，2002）。鉴于团队创造力的重要性，近年来围绕魅力型领导、变革型领导和谦卑型领导等“自主”的领导方式的研究得以不断丰富（Shin 和 Zhou，2003；刘圣明等，2018），却少有研究关注以控制为焦点的领导行为。

事实上，有研究表明在权力距离较大的东方文化背景下，组织控制有利于加强团队的内在动机并增加创新（Zhou，2006）。因此，基于“控制”视角探究威权领导对团队创造力的影响机制更贴合中国企业的管理实践。同时，已有研究表明控制焦点不同的双元威权领导行为——尚严领导和专权领导——会对员工的态度、认知和行为产生不同的影响（Chou 和 Cheng，2014；王磊和邢志杰，2019；朱云鹃和丁国栋，2020；张兰霞和孙琪恒，2020）。因此，本章的第一个目的是检验尚严领导和专权领导对团队创造力的不同影响。

由于团队成员内部构成的多元性，员工之间往往存在着冲突，团队冲突的存在可能会削弱员工间的合作意愿，因此有效的冲突管理是团队创新的重要保证（马跃如和段伟，2018）。根据社会交换理论，以社会交换作为核心的人际互动基于个体对交换风险的评估，进而影响团队成员的互动及其行为（Molm 等，2000）。基于该理论进一步推导，尚严领导和专权领导可能通过积极的交换结果或消极的员工互动对团队创造力产生影响。一方面，积极的交换结果激发团队成员的思维碰撞并导致团队任务冲突，而任务冲突则对团队创造力具有积极意义（Gruenfeld 等，1998）；另一方面，消极的员工互动增加了团队成员间的摩擦和非公正性的利己行为，很有可能引发团队关系冲突，从而破坏团队创造力（Yuan 和 Chen，2016）。因此，本章的第二个研究目的是探究团队任务冲突和团队关系冲突是否在尚严领导和专权领导对团队创造力的影响中起到中介作用。

根据社会交换理论，团队成员的社会交换的有效性也取决于组织情境（Lord 等，2001），如团队互动公平氛围。团队互动公平氛围是指团队成员对互动公平的共同认知程度（Cachon 和 Lariviere，2005），它为个体的公平感知提供了线索和依据，从而影响团队成员对团队中领导者行为的认知与评价（Rupp 和 Thornton，2014），进一步影响团队任务冲突和关系冲突。因此，本章选取团队互动公平氛围探究尚严领导和专权领导对团队任务冲突和关系冲突影响的边界条件，这也是本章的第三个研究目的。

综上，本章将团队任务冲突和团队关系冲突作为中介变量构建尚严领导、专权领导与团队创造力的关系模型。更进一步地，鉴于团队互动公平氛围在组织中的重要作用，本章以团队互动公平氛围为调节变量，探究尚严领导和专权领导有效性的边界条件，以期加深对尚严领导和专权领导在团队层面作用机制的了解（研究模型如图5-1所示）。

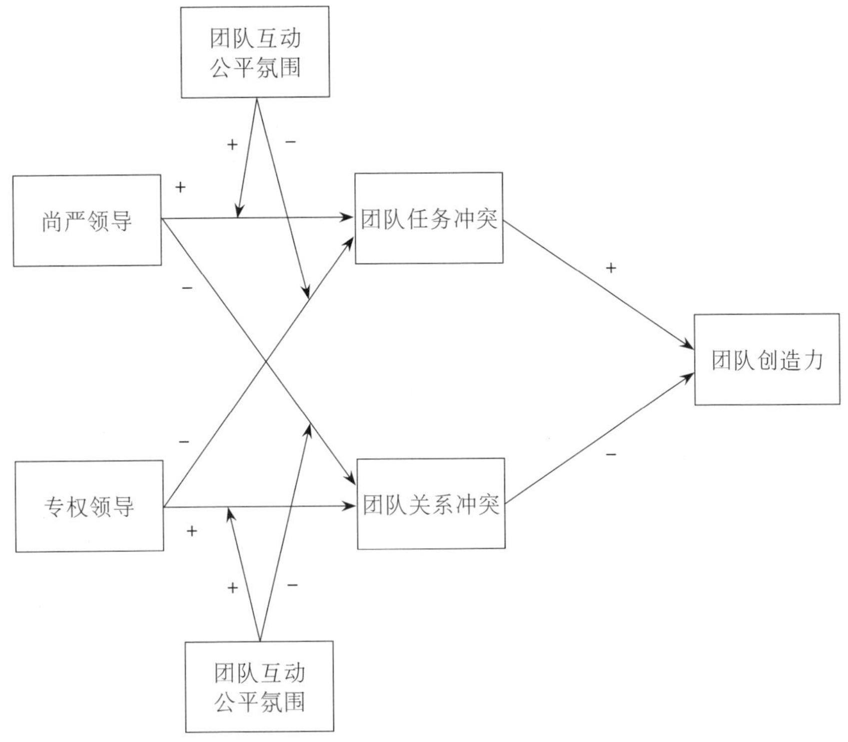

图5-1　第5章的研究模型

5.1.1　尚严领导与团队创造力

社会交换理论认为人们的社会交换过程以互惠原则为基础（Blau，1964）。尚严领导强调领导者为员工明确工作目标，促进工作目标的实现（周婉茹等，2010），进而与员工建立认可、回应的双向关系（Simon 和 Mark，2012）。基于互惠原则，员工会在工作中表现出积极的工作态度和行为（赵宏超等，2018）。具体而言，首先，尚严领导为员工制定其工作范围内的目标与任务（周婉茹等，2010），增强其在工作中的自主性和意义感（Deci 和 Ryan，1985），进而促进团队领导与团队员工之间产生积极的社会交换关系（Simon 和 Mark，2012）。这会让团队员工感受到被尊重，促使员工产生团队归属感。为了回报团队领导者的栽培，员工在工作中表现得更积极，热衷于沟通、交流，在碰撞中激发员工的创造性思维（Hirt 等，1997），促进团队创造力的提升。其次，尚严领导者为员工提供工作指导、明确工作目标，并要求员工遵守组织的纪律规范（周婉茹等，2010）。当团队成员感知到清晰的工作目标和组织规则时，其心理安全感会提高，进而会更加积极地参与和讨论组织问题，有效发挥团队成员多样化在任务讨论与决策方面的潜在价值（马跃如和段伟，2018），促进团队创造力的提升。综上，提出假设：

假设 H1a：尚严领导正向影响团队创造力。

5.1.2 专权领导与团队创造力

首先，专权领导者强调绝对的威权，只进行由上至下的单向沟通（周婉茹等，2020），从不考虑和采纳员工的建议，甚至打击和斥责员工的表现欲。在这种情况下，领导者和团队成员之间只是形成一种短期的工具性交换关系（王磊和邢志杰，2019），而很难建立基于情感的长期互惠关系。根据社会交换理论，员工由于得到领导者较少的关注和支持而较少产生回报行为（杨春江等，2015），进而打击了团队试验新构想、探索新领域的热情（石冠峰和李琨，2014）。其次，专权领导者拥有较强的权力掌控欲，通常不会把信息透露给员工，更是较少授权给员工，甚至密切关注员工的一举一动（周婉茹等，2010）。在这种组织中，员工所感知的服从压力会减少员工之间的交流和协作，阻碍了团队中的知识整合和思维碰撞（Amabile 等，2004），因此加剧了员工之间的思想和行为的同质化，进而抑制整个团队的创造力（Goncalo 和 Duguid，2012）。再次，专权领导者要求员工的绝对顺从，对任何违反其意图的行为进行打压（周婉茹等，2010）。在这种领导风格下，可能产生忧虑和谨慎的团队氛围（Aryee 等，2007）），因而团队成员会降低表达创新观点的意愿，阻碍团队创造力的形成和发展。因此，提出假设：

假设 H1b：专权领导负向影响团队创造力。

5.1.3 团队任务冲突的中介作用

团队中员工价值观、工作方式、认知和行为的多样性是团队冲突的重要来源。随着研究的发展，团队冲突渐渐被细分为因工作内容而产生的任务冲突和因人际关系而产生的关系冲突（Jehn，1995；Jehn 等，1999；Jehn 和 Mannix，2001）。任务冲突是指在分析和完成团队任务时，团队成员在与任务相关的思想和观点上存在不同意见所引起的冲突（Simons 和 Peterson，2000；刘智强等，2019）。

根据社会交换理论，若团队成员能感知足够的心理安全感，会表现出更多的积极性和主动性，进而促进任务冲突的产生（马跃如和段伟，2018）。具体而言，首先，尚严领导者具有较高的成就动机，会告知员工关于组织的重要信息（周婉茹等，2010），而重要信息的获得能够在无形中强化员工对工作意义的理解和心理安全感（Tyler 和 Lind，1992），进而降低团队成员的风险感知。这种团队氛围极大地激发了成员在决策中的思维碰撞，促进了团队任务冲突的产生（马跃如和段伟，2018）。其次，尚严领导者通过发挥其有效性，利用扎实的专业技能和丰富的经验为员工提供完成工作所需要的指导，并对其进行必要的培训（王磊和邢志杰，2019）。当团队成员感知到尚严领导者的支持时，会对团队产生更多的认同（Kark 等，2003），进而积极主动地不断交换新的想法和解决方案，从而导致任务冲突。

第一，社会交换理论指出，个体对社会交换风险（如心理安全）评估的结果会影响团队成员互动，继而影响其行为（Molm 等，2000）。当任务冲突出现时，不同知识背景的团队成员会针对组织目标积极贡献自己的想法和意见，进而提高团队的学习水平和创造力（Dreu，2006）。第二，团队冲突会促进团队成员频繁地表达自己的观点，因此团队成员之间的信息交流会更加通畅（Shalley 和 Gilson，2004）。信息的沟通不仅会加深团队成员对任务的理解，使团队目标、办事流程更加清晰，同时也会打破团队的一致性思维模式（Troyer 和 Youngreen，2009），进而促进团队创造力的提升。第三，在化解团队冲突的过程中，频繁的沟通和互动使成员之间互相澄清思路，并借此获得彼此的理解和支持，这无疑为团队顺畅运作争取到宝贵资源并创造了良好环境，优化成员的认知加工过程，最终提高团队创造力（LePine 等，2008；陈驰茵和唐宁玉，2017）。综上，提出假设：

假设H2a：团队任务冲突在尚严领导和团队创造力之间起中介作用。尚严领导通过促进团队任务冲突，进而积极影响团队创造力。

与尚严领导者有所不同，专权领导者则表现出严密控制大小事务、坚持绝对权威等有损员工人格的领导行为（Chou等，2006）。这种领导风格会降低团队成员对领导者的信任（Chou和Cheng，2014），也导致了团队成员强烈的心理不安全感。根据社会交换理论，心理不安全感会增强团队成员对组织风险的感知，也会降低其在团队中的积极性，进而不利于团队冲突的产生。此外，专权领导者拥有极大的控制欲望，密切监视下属的言行举止以确保其领导地位不受到威胁（周婉如等，2010），甚至会因为认为员工“不听话”而打压员工（樊景立和郑伯埙，2000）。因此，由于害怕领导者的进一步打压，团队员工倾向于按部就班地完成组织工作，不会也不敢从事任何领导者指令外的工作，这显然降低了团队间的任务冲突程度。

进一步地，基于社会交换理论，较低程度的团队任务冲突会降低团队创造力。具体而言，组织内较低程度的任务冲突不利于团队成员的信息沟通，使得他们在组织中倾向于保持沉默，较少地提出自己的想法和意见（Dreude，2006），因此不利于团队创造力的提高。同时，在较低程度任务冲突的团队中，员工倾向于服从专权领导者的指令，较少关心团队成员的能力和性格，因此团队成员之间的默契程度和彼此间的信任程度也较低（周明建等，2014），进而降低团队创造力。因此，提出假设：

假设H2b：团队任务冲突在专权领导和团队创造力之间起中介作用。专权领导通过抑制任务冲突，进而降低团队创造力。

5.1.4 团队关系冲突的中介作用

团队关系冲突是指团队成员感受到彼此间个性的不一致、人际关系的不和谐，进而产生的关系紧张、生气、敌意等负面情绪（Jehn，1995）。如上所述，尚严领导会提高团队成员的归属感和自我效能感（周婉茹等，2010），从而自觉调整自身的行为来维持社会交换关系的平衡。因此，团队成员会致力于维护组织和谐的氛围，进而抑制团队成员产生敌意等不良情绪（马跃如和段伟，2018），减少团队的关系冲突。此外，尚严领导者能够为员工提供指导和帮助（周婉茹等，2010），进而增强员工的组织认同感（Kark等，2003），促使团队成员之间形成积极协作的互动关系，减少团队关系冲突的产生。已有研究表明，互助和谐的团队关系和团队成员间积极的情感降低了关系冲突产生的可能性（许梅枝和张向前，2018）。

根据社会交换理论，团队成员对关系冲突的认知会进一步决定其工作行为（Molm等，2000）。第一，低关系冲突认知的成员不会倾向于将其他团队成员视为威胁（Thiel等，2017），因此他们愿意进行知识交换和人际互动，这将有利于团队内信息的整合，促进团队成员产生解决问题的新想法、新观点。第二，团队成员之间的关系冲突程度决定了成员之间的信任程度（Wit等，2012）。因此，在社会交换视角下，在关系冲突程度较低的团队中，成员之间相互信任，团队资源付出对等，进而促进了任务实施过程中团队对多元观点的整合和深度加工（陈玮奕等，2019），增加团队创造性想法的涌现。第三，在低关系冲突团队中，团队成员的压力感知更弱（O' Neill，2018），因此不会对团队中的其他成员进行防备，反而更倾向于采取合作而非竞争的工作方式完成工作（Maltarich 等，2018），促进团队创造力的提升。因此，本研究提出假设：

假设H3a：团队关系冲突中介了尚严领导与团队创造力之间的关系。尚严领导通过抑制团队成员关系冲突提高团队创造力。

对于专权领导者来说，他们自负、自利的个性极易导致团队成员之间的关系冲突。一方面，团队成员与专权领导者之间存在巨大的沟通隔阂和权力落差，因此很难对团队形成强烈的组织认同感（Edwards 和 Peccei，2015；Sluss 等，2008）。在这种情境下，团队成员更多地考虑自己而非组织的利益，甚至可能作出非生产性行为干预他人地位的提升，以此来操纵利益的分配格局（Porath 等，2008；Charness 等，2014）。这种非公正性的利己行为很可能增强团队中的消极情绪（刘智强等，2019），进而导致关系冲突的发生。另一方面，专权领导者的

“权力感”会让其认为自己在能力和判断上明显优于团队成员，对下属的不一致的观点或意见充满敌意（周婉茹等，2010），进而导致团队成员产生消极、不满的负面情绪（Grijalva和Harms，2014），促进团队间关系冲突的产生。

根据社会交换理论，团队关系冲突不利于团队创造力的提升。具体而言，首先，团队中的关系冲突会降低成员间的满意度和认同感，增加成员间的摩擦，进而阻碍成员间的沟通和合作（马跃如和段伟，2018）。其造成的团队中的消极氛围会进一步导致团队成员消极的工作态度（Jehn，1995），有可能抑制团队的创造力。其次，团队成员在关系冲突中产生的消极情感会阻碍成员之间的社会交换和人际互动，不利于团队中的互动机制和信息流动的形成（刘智强等，2019），而团队成员间的互动和信息流动恰恰是团队创造力的重要来源（Yuan和Chen，2016）。因此，本研究提出假设：

假设H3b：团队关系冲突中介了专权领导与团队创造力之间的关系。专权领导通过促进团队关系冲突的产生抑制团队创造力。

5.1.5 团队互动公平氛围的调节作用

团队互动公平氛围是指组织内成员对互动公平的共同认知程度（Cachon和Lariviere，2005）。根据社会交换理论，团队成员基于互动公平氛围去解读组织情境下领导者的行为，如果团队成员能够感知到较高的互动公平氛围，才会萌生回报的意识，进而影响其行为（Gong等，2010；涂乙冬等，2014）。

当团队互动公平氛围较高时，团队成员中大多数人会感知到组织是公正的和值得信赖的，同时也能感受到组织对自己较多的认可和尊重，会产生对组织和团队的认同（Lin和Leung，2014）。此时，团队成员会将尚严领导者对自己的指导和培训，以及重要信息的告知看作对自己的重视和肯定，因此更积极主动地表达自己的想法和观点以回报团队领导者，进而产生更多的团队任务冲突。而当团队互动公平氛围较低时，团队成员会对尚严领导者产生一种“待人不公”的整体印象（窦运来和沈伊默，2021），怀疑领导者的控制是否存在某种不良的企图。在此种情境下，团队成员不会有太多积极情感的投入，也不会为了团队的发展主动与团队成员交换想法，从而致使尚严领导下的团队成员间的团队任务冲突较少。因此，提出假设：

假设H4a：团队互动公平氛围对尚严领导与团队任务冲突之间的关系具有调节作用，即团队互动公平氛围越高，尚严领导对团队任务冲突的正向影响越强。

就专权领导而言，由于领导者的独裁控制削弱了领导与成员的积极关系以及员工对组织的认同感，进而导致员工在面对团队问题时保持沉默，减少了团队的任务冲突。在互动公平氛围高的团队中，员工会受到领导者平等、礼貌的对待，从而形成良好的人际关系（Lin和Leung，2014）。因此，团队成员有可能认为领导者的严格控制是对自己的重视，这增加了其对组织支持的感知（王磊和邢志杰，2019）。此时，为了更好地完成自己的工作，成员的团队参与以及合作意愿会更加强烈，进而激发团队任务冲突。相反，在互动公平氛围低的团队中，员工与领导者缺乏良好的互动，进而导致领导与员工的关系变差（Lin和Leung，2014），因此员工不会感知到组织支持。此时，员工会夸大专权领导的消极作用，进而减少团队任务冲突的产生。综上，提出假设：

假设H4b：团队互动公平氛围对专权领导与团队任务冲突之间的关系具有调节作用，即团队互动公平氛围越高，专权领导对团队任务冲突的负向影响越弱。

同时，团队互动公平氛围能够调节尚严领导与团队关系冲突之间的关系。如上所述，在互动公平氛围高的团队中，团队会为成员提供关系同一性感知，减少成员对领导者差别对待的担忧，进而驱动团队成员产生组织和团队认同感（Lin和Leung，2014）。此时，根据社会交换理论，为了回报领导者的重视和肯定，他们会更加积极地提出观点与意见（Gong等，2010；涂乙冬等，2014），进而增加成员之间互动的数量和强度。然而，频繁的人际互动会导致人际关系的不兼容（马跃如和段伟，2018），削弱尚严领导所产生的积极效应，团队成员之间的关系冲突由此产生。在低互动公平氛围的团队中，员工会认为团队整体公平氛围较低，因此团队成员之间的人际互动较少（Lin 和 Leung，2014），产生关系冲突的可能性会降低。基于以上论述，本研究提出假设：

假设 H5a：团队互动公平氛围对尚严领导与团队关系冲突之间的关系具有调节作用，即团队互动公平氛围越高，尚严领导对团队关系冲突的负向作用越弱。

同理，团队互动公平氛围也会调节专权领导与团队关系冲突的关系。当团队互动公平氛围较高时，团队成员往往能在团队中得到领导者更多的尊重和平等对待（Lin 和 Leung，2014），这会使得员工降低对专权领导者权威的畏惧。此时，为了进一步巩固自己的利益，员工更有可能产生非公正性的利己行为（Porath 等，2008；Charness 等，2014），进一步促进团队关系冲突的产生（刘智强等，2019）。当团队互动公平氛围较低时，领导者会粗鲁地对待团队成员，领导者与成员之间也缺乏积极的互动（Lin 和 Leung，2014）。此时，对于团队成员来说，他们更惧怕领导者的专权，因而选择按部就班地完成本职工作，降低团队关系冲突产生的可能性。因此，本研究提出假设：

假设 H5b：团队互动公平氛围对专权领导与团队关系冲突之间的关系具有调节作用，即团队互动公平氛围越高，专权领导对团队关系冲突的正向影响越强。

5.2 研究设计

5.2.1 样本收集

与第 4 章的研究样本一致，本章依然以东北某大型装备制造企业为调研对象（具体问卷请参考附录 1）。所有问卷填写均采用匿名形式，为了避免同源方差的潜在影响，本研究分两次获取员工数据，时间间隔为一个月。根据研究设计，被调查团队由团队主管和团队成员两类群体参与，并对问卷进行配对和编号。其中，在时点 1，团队成员报告其基本信息、团队领导者的尚严领导和专权领导行为，以及团队互动公平氛围；在时点2，团队成员报告团队工作冲突，团队主管评价团队创造力。

本研究共发放625份团队成员问卷，89份团队主管问卷。剔除不合格和配对不成功的问卷后，最终获得有效团队成员问卷367份，有效回收率为58.7%；获得有效团队主管问卷68份，有效回收率为76.4%。在最终的435份样本中，男性占64%；员工年龄均值为35.2岁（SD = 10.56岁）；初中、高中及中专、专科、本科、硕士及以上学历分别占比29.2%、33.5%、14.8%、19.7%和2.8%。

5.2.2 测量工具

本研究均采用已被证实的成熟量表，具有良好的信效度。问卷采用李克特5点量表，其中领导行为的1至5代表频率，即“从未发生”到“一直发生”，其他变量的1至5代表“非常不同意”到“非常同意”。

（1）尚严领导。本研究采用周婉茹等（2010）研究开发的量表，共有10个题项，如“领导会督促我的工作进度，要求我全力达成”等。该量表的Cronbach's α值为0.923。

（2）专权领导。本研究采用周婉茹等（2010）研究开发的量表，共有8个题项，如“领导者会贬低我在工作上的贡献”等。该量表的Cronbach's α值为0.880。

（3）团队任务冲突。本研究采用Tjosvold等（2006）研究开发的量表，共有3个题项，如“班组（团队）成员会有意见上的冲突”等。该量表的Cronbach's α值为0.879。

（4）团队关系冲突。本研究采用Tjosvold等（2006）研究开发的量表，共有7个题项，如“我们班组（团队）成员之间的关系会出现一些和工作无关的摩擦”“由于我们有些成员想维护自己的主导地位，导致班组（团队）成员间有摩擦冲突发生”等。该量表的Cronbach's α值为0.897。

（5）团队互动公平氛围。本研究采用Colquitt（2001）研究开发的量表，共有9个题项，如“我的直属上司对待我们团队成员的方式让我们觉得有尊严”等。该量表的 Cronbach's α值为0.917。

（6）团队创造力。本研究采用Griffin等（2007）研究开发的量表，共有3个题项，如“本班组（团队）成员会主动采用新的方法来更好地完成工作”等。该量表的 Cronbach's α值为0.818。

（7）控制变量。本研究参照以往研究的惯例，将领导者的性别、年龄和学历作为控制变量。

5.3 研究结果

5.3.1 团队层面数据聚合检验

本研究关注的是团队层面，尚严领导、专权领导、团队任务冲突、团队关系冲突和团队互动公平氛围量表是由员工个体评分的，需要将个体层面数据聚合到团队层面。而团队创造力是由团队领导者填写，直接反映团队层面的情况，无须数据聚合。本研究基于James等（1993）关于团队评分一致性的检验建议：当$R_{wg}>0.70$时，说明在某项目上的评分一致性是可以接受的，可以将个体层面数据聚合到团队层面。经测算，本研究所涉及各组变量的R_{wg}均值和$R_{wg}>0.70$的比例分别为：尚严领导0.87，93.5%；专权领导0.88，94.8%；任务冲突0.83，86.7%；关系冲突0.90，92.5%；互动公平氛围0.82，96.3%。由此，我们可以将个体层面的数据加总平均得到团队层面的数据。同时，根据Bilese（2000）关于组内一致性ICC的检验标准，当ICC（1）>0.12，ICC（2）>0.60时，数据满足聚合标准。经检验，本研究的数值均达到该标准，满足聚合要求。

5.3.2 验证性因子分析

为了检验重要研究变量的结构效度和区分效度，本研究对尚严领导、专权领导、团队任务冲突、团队关系冲突、团队互动公平氛围和团队创造力进行验证性因子分析。由于尚严领导和专权领导的测量条目较多，样本量相对较少，因此为了保证模型与数据之间的匹配度以及模型的拟合度，根据Mathieu和Farr（1991）的建议，对数据进行打包处理，根据探索性因子分析所得出的各个题项因子载荷，按照最大与最小、第二大与第二小合并的规则对测量题项进行两两合并，最后形成5个题项测量尚严领导、4个题项测量专权领导。将单因子模型依次与六因子模型进行对比，模型拟合指数见表5-1，打包后的六因子模型的拟合度（$\chi^2/df = 2.82$，RMSEA = 0.054，CFI = 0.948，TLI = 0.943）显著高于其他模型，达到可接受标准，说明本研究所涉及的5个变量具有良好的区分效度，代表了5个不同的构念。

表5-1　　区分效度分析结果汇总

	χ^2	df	χ^2/df	RMSEA	TLI	CFI
六因子模型（ZQ、SY、T、R、J、P）	1 181.008	419	2.82	0.054	0.943	0.948
五因子模型（ZQ+SY、T、R、J、P）	3 136.501	424	7.39	0.102	0.799	0.817
四因子模型（ZQ+SY、T+R、J、P）	3 726.287	489	7.62	0.103	0.781	0.798
三因子模型（ZQ+SY、T+R+J、P）	8 030.498	492	16.32	0.157	0.494	0.528
二因子模型（ZQ+SY+T+R+J、P）	9 643.948	494	19.52	0.173	0.389	0.428
单因子模型（ZQ+SY+T+R+J+P）	11 663.485	495	23.56	0.191	0.255	0.301

注：ZQ代表专权领导；SY代表尚严领导；T代表团队任务冲突；R代表团队关系冲突；J代表团队互动公平氛围；P代表团队创造力；“+”代表多个因子合并为一个因子。

5.3.3　描述性统计分析

各变量的相关系数、均值和标准差见表5-2。尚严领导与团队创造力正相关（$r = 0.456$，$p < 0.01$），专权领导与团队创造力负相关（$r = -0.395$，$p < 0.01$）；专权领导与团队任务冲突呈显著负相关关系（$r = -0.275$，$p < 0.05$），尚严领导与团队任务冲突呈正相关关系，但不显著（$r = 0.141$，n.s.）；尚严领导与团队关系冲突呈显著负相关关系（$r = -0.444$，$p < 0.01$），专权领导与团队关系冲突呈显著正相关关系（$r = 0.323$，$p < 0.01$）；团队任务冲突与团队创造力显著正相关（$r = 0.252$，$p < 0.01$），而团队关系冲突则与团队创造力显著负相关（$r = -0.500$，$p <$

0.01）。上述结果为验证本研究的假设提供了初步支持。

表5-2 **各变量的均值、标准差及其之间的相关系数**

	1	2	3	4	5	6	7	8	9
1.性别	1								
2.年龄	-0.315**	1							
3.学历	0.531**	-0.585**	1						
4.尚严领导	0.120	-0.061	0.147	(0.923)					
5.专权领导	-0.148	0.146	-0.276*	-0.207	(0.880)				
6.团队任务冲突	-0.070	0.013	-0.102	0.141	-0.275*	(0.879)			
7.团队关系冲突	-0.336**	0.192	-0.367**	-0.444**	0.323**	0.105	(0.897)		
8.团队互动公平氛围	0.206	-0.047	0.143	0.183	-0.288*	0.151	-0.385**	(0.917)	
9.团队创造力	0.118	0.032	0.167	0.456**	-0.395**	0.252**	-0.500**	0.255*	(0.818)
均值	1.23	3.47	2.35	3.64	2.22	3.19	2.35	3.93	3.90
标准差	0.27	0.67	0.92	0.64	0.61	0.80	0.67	0.54	0.98

注：N=68；**p<0.01，*p<0.05（双尾检验）。

5.3.4 假设检验

如图5-2所示，在控制人口统计学变量后，团队创造力对尚严领导（β= 0.294，$p < 0.01$）和专权领导（β= -0.301，$p < 0.01$）的回归系数均显著。因此，假设H1a、H1b均得到验证。

如图5-2所示，专权领导负向预测团队任务冲突（β = -0.235，$p < 0.01$），但是尚严领导对团队任务冲突的积极作用并不显著（β = 0.180，*n.s.*），团队任务冲突与团队创造力呈显著正向关系（β = 0.194，$p < 0.05$）。为了进一步验证团队任务冲突的中介作用，本研究采用Preacher等（2010）推荐的parametric bootstrap程序（Monte Carlo复制 = 20 000次）。如表5-3所示，专权领导通过团队任务冲突影响团队创造力的间接效应值为-0.046，95%的置信区间为［-0.271，-0.005］，不包含零。因此，假设H2b成立。与之相反，尚严领导通过团队任务冲突影响团队

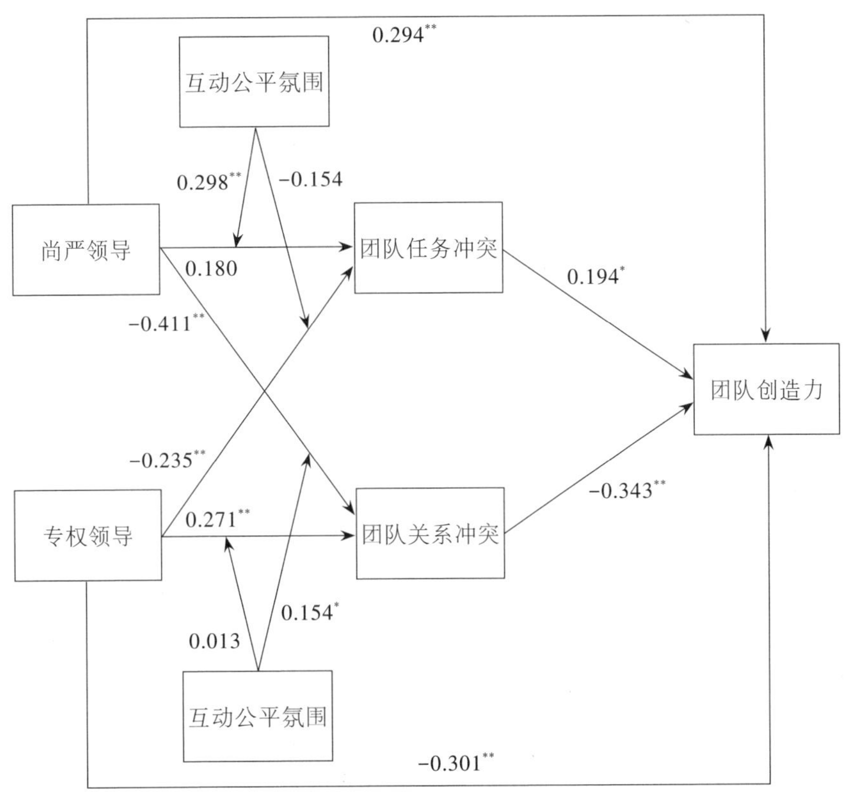

图 5-2 模型路径系数

注：N=68；**p<0.01，*p<0.050。

创造力的效应值为0.035，95%的置信区间包含零，假设H2a未得到验证。

表5-3 **Bootstraping的分析结果**

路径	间接效应估计值	95%校正偏差置信区间	
		下限	上限
尚严领导→团队任务冲突→团队创造力	0.035	-0.009	0.427
专权领导→团队任务冲突→团队创造力	-0.046	-0.271	-0.005
尚严领导→团队关系冲突→团队创造力	0.141	0.063	0.571
专权领导→团队关系冲突→团队创造力	-0.093	-0.407	-0.006

如图5-2所示，尚严领导负向预测团队关系冲突（β= -0.411，p <

0.01），专权领导则正向预测团队关系冲突（$\beta = 0.271$，$p < 0.01$），而团队关系冲突与团队创造力呈显著负向关系（$\beta = -0.343$，$p < 0.01$）。同样地，采用Preacher等（2010）推荐的parametric bootstrap程序（Monte Carlo复制= 20 000次）进一步检验中介效应。结果显示，尚严领导和专权领导通过团队关系冲突影响团队创造力的间接效应值分别为0.141、-0.093，95%的置信区间分别为［0.063，0.571］、［-0.407，-0.006］。因此，假设H3a、H3b得到支持。

如图5-2所示，在控制了人口统计学变量及主效应后，尚严领导与团队互动公平氛围的交互项对团队任务冲突具有显著正向影响（$\beta = 0.298$，$p < 0.01$），表明团队互动公平氛围水平越高，尚严领导与任务冲突的正向关系越强。而专权领导与团队互动公平氛围的交互项对团队任务冲突的影响未达到显著水平（$\beta = -0.154$，*n.s.*）。由此可知，本研究的假设H4a得到验证，假设H4b未得到验证。

同样地，尚严领导与团队互动公平氛围的交互效应对团队关系冲突的正向作用显著（$\beta = 0.154$，$p < 0.05$），这意味着团队互动公平氛围越高，尚严领导对团队关系冲突的负向抑制作用越弱。而专权领导与团队互动公平氛围的交互项对团队关系冲突的影响并不显著（$\beta = 0.013$，*n.s.*）。因此，假设H5a得到验证，假设H5b未得到验证。

为了更深入地呈现本研究中互动公平氛围对尚严领导与团队任务冲突、团队关系冲突之间关系的调节效应，根据Aiken和West（1991）的建议，分别取尚严领导和团队互动公平氛围的平均数加减一个标准差的值代入回归模型，绘制调节效应图。由图5-3可知，在高水平的团队互动公平氛围下，尚严领导与团队任务冲突的正向关系较强（$\beta = 0.523$，$p < 0.01$），而在低水平的团队互动公平氛围下，尚严领导与团队关系冲突的正向关系较弱，没有达到显著水平（$\beta = -0.005$，*n.s.*）。由图5-4可知，在高水平的团队互动公平氛围下，尚严领导与团队关系冲突的负向关系较弱，但结果达到显著水平（$\beta = -0.199$，$p < 0.01$），而在低水平的团队互动公平氛围下，尚严领导与团队关系冲突的负向关系较强（$\beta = -0.497$，$p < 0.01$），与本研究预期基本相符。

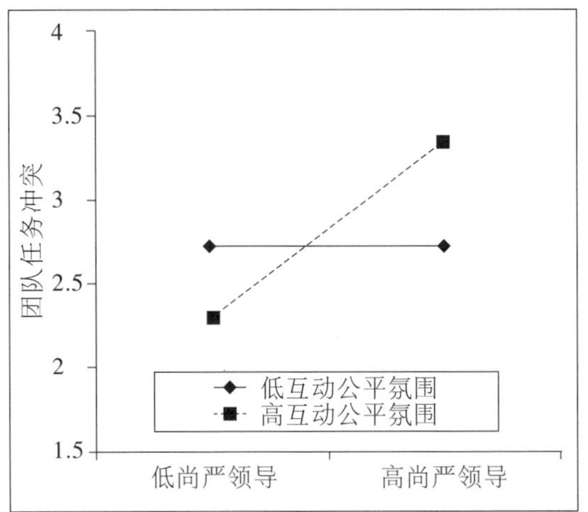

图5-3 互动公平氛围对尚严领导与团队任务冲突关系的调节作用

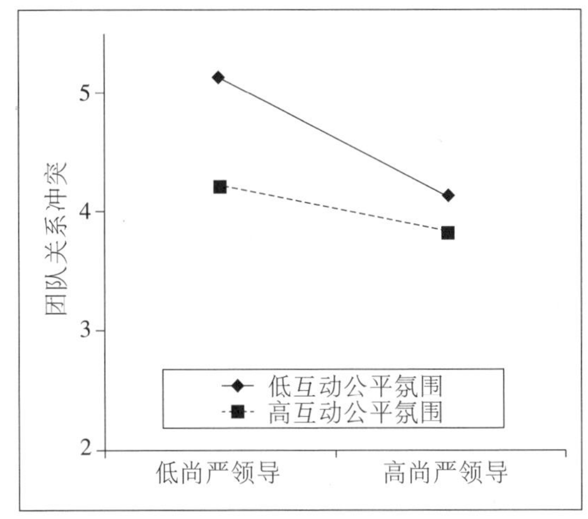

图5-4 互动公平氛围对尚严领导与团队关系冲突关系的调节作用

5.4 本章小结

本研究主要得到以下结论：（1）尚严领导能够提升团队创造力，而专权领导则抑制团队创造力；（2）团队任务冲突和团队关系冲突在尚严领导与团队创造力、专权领导与团队创造力之间起中介作用，但作用方向并不相同；（3）团队互动公平氛围调节了尚严领导与团队任务冲突的关系，同时也调节了尚严领导与团队关系冲突的关系。不过，团队互动公平氛围在专权领导与团队任务冲突、团队关系冲突之间的调节作用并不显著。原因可能是，专权领导者具有较高的权力动机，他们为了维持和巩固已有的权力距离优势，不会向下属透露任何有关组织的重要信息，甚至会表现出贬低下属能力的行为（周婉茹等，2010）。在这种领导行为下，即使团队的互动公平氛围很高，员工能够感知到被组织和领导者公平对待，但是长期处于畏惧情绪中的员工仍然不会也不敢从事指令外的工作，与领导者之间低质量的关系也很难因为领导者的公平对待而有所改善。因此，员工与领导者之间的互动交流十分有限，员工并不能感知到来自领导者的信任和尊重，他们也不会产生更多的角色外行为，因此团队的互动公平氛围所起到的调节作用微乎其微。

本研究具有以下理论贡献：第一，针对双元威权领导行为的研究正在兴起，但是相关领域的实证研究仍然不足。目前鲜有研究在团队层面探讨尚严领导和专权领导对团队创造力的不同影响及其作用机制，本研究探索性地研究了这一问题，建立了基于社会交换理论的尚严领导和专权领导对团队创造力的影响模型，也探讨了尚严领导和专权领导发挥作用的边界条件，丰富了我们对双元威权领导的理解。此外，在团队创造力领域，过去的研究多关注魅力型领导、变革型领导及谦卑型领导这类“自主”的领导方式的积极影响（Shin 和 Zhou，2003；刘圣明等，2018），而本研究从“控制”的不同内涵出发，提出强调对事控制的尚严领导对团队创造力有着积极影响，而强调对人控制的专权领导则抑制团队创造力的产生，为团队创造力的发展提供了新的研究思路。

第二，本研究丰富了关于团队冲突的研究。团队冲突是组织中的常态，也是组织中重要的团队过程，积极的团队冲突也被认为是影响团队创造力的关键因素。本研究从团队任务冲突和团队关系冲突的视角，关注团队冲突如何促进或抑制团队创造力的产生。团队任务冲突和关系冲突对团队创造力有着独立的作用机制，虽然以往研究已经分别探究这两种冲突，但缺乏基于冲突视角探究领导力对团队结果的作用机制。由此，本研究通过探究团队任务冲突和关系冲突在尚严领导、专权领导和团队创造力之间的中介作用，拓展了团队冲突领域的研究。

第三，本研究也为互动公平氛围领域的研究作出了贡献。本研究将互动公平氛围引入模型，解释双元威权领导作用于团队任务冲突和团队关系冲突的边界条件。尽管以往研究探讨过任务互依性（Somech, 2008；马跃如和段伟，2018）、地位赋予标准（刘智强等，2019），但是较少关注团队环境对团队冲突形成的作用。因此，本研究将互动公平氛围作为调节变量，丰富了基于团队环境对团队任务冲突和团队关系冲突作用机制的探索。

本研究结论同样具有重要的实践意义。首先，自古以来，威权领导在中国组织中广泛存在且具有提高效率和避免偏差的功能性作用，本研究指出即使在信息高度发达，具有更高的自我价值实现取向、工作尊严取向的新生代员工进入职场的当代社会，强调控制事的尚严领导仍然能够发挥积极作用。企业管理者可以学习这种领导行为并加以应用，进而提高团队创造力。同时，由于权利意识的提升，管理者应该避免对员工的过度控制，避免过度打压导致团队创造性人才的流失。其次，本研究也指出，团队任务冲突是提升团队创造力的重要因素，而团队关系冲突则对团队创造力起到抑制作用，因此团队员工间的冲突都应当引起领导者的重视，领导者应思考如何增加任务冲突并减少关系冲突，以此促进团队创造力的提升。再次，我们的研究也为团队公平氛围提供了启示，互动公平氛围并非百利而无一害。领导者可以通过形成适度的公平氛围，减少互动公平氛围下关系冲突的产生，促进更多思想的碰撞和灵感的产生。

6 过程视角下双元威权领导对团队创新过程的影响机制研究

6.1 概念模型与研究假设

对于组织而言，创新的起点在于个体首先产生新颖且实用的创意（即创造力）（Amabile，1988），之后再实施这些创意，通过不断汇聚进而对整个组织创新和组织竞争力产生重要影响（Woodman、Sawyer 和 Griffin，1993）。这一两阶段的创新过程（创意产生和创意实施）虽然早已得到人们的普遍认可（West，1990），但相较于创意实施而言，人们更多地将研究兴趣置于创意的产生环节（Anderson、Potocnik 和 Zhou，2014；李艳和杨百寅，2016）。然而，如 West （2002）所言，“一个便士十个创意，真正重要的是创意的执行而非创意的产生”，故而在中国组织情境下探索何种因素影响从创意产生到实施的整个创新的过程具有重要的理论与实践意义。

作为组织资源分配者和氛围塑造者，领导者对于创新过程的影响至关重要，许多研究聚焦于领导者在创意产生（创造力）阶段的作用（如 Chen 等，2013；Černe、Jaklič 和 Škerlavaj，2013；Zhang、Tsui 和 Wang，2011），但对领导者在创意实施阶段的作用缺乏关注。在中国文化情境下，基于儒家伦理，许多领导者强调对部属的控制和要求部属服从，这种强调严明纪律与权威控制的威权领导广泛存在于本土企业组织中（郑伯埙，1995；樊景立和郑伯埙，2000；郑伯埙等，2003）。那么强调严苛控制的威权领导在创意产生与创意实施环节扮演着何种角色？更为重要的是，创意产生和创意实施是两个截然不同的概念，一般认为创意的产生需要的是打破常规、敢于探索，但其本身并不会对组织现状产生挑战；而创意的实施则意味着对现状的改变，隐含着一些潜在的冲突与对抗，需要更多的资源和激励才可成行（Baer，2012；Černe、Jaklič 和 Škerlavaj，2013），在这一过程中强调高效执行的威权领导可以通过集中资源及力排众议等发挥积极作用（傅晓、李忆和司有和，2012）。

综合上述内容，本研究将聚焦于三个问题：第一，双元威权领导（尚严领导和专权领导）是否会对团队创意产生不同的影响效果？控制事的尚严领导对团队成员有着较高的绩效要求，且维护组织规范与纪律，一切行为的目的都是要求团队成员产生更多工作成果，这有利于引发团队成员对自己的高要求和敬业精神（周婉茹等，2010），成员为实现高绩效更可能在规则范围内有所创新，有利于团队创意的产生。控制人的专权领导者强调自身权威对下属的控制，决策权集中在自己手里，对团队内信息严密把控并斥责绩效不理想的下属（吴宗佑，2008；周婉茹等，2010），这一切易使团队成员感到失去工作自主性，为了免受领导的斥责，他们只会按照已有的规程做事，不利于新想法的产生。因此，本研究认为尚严领导正向预测团队的创意产生，专权领导负向预测团队的创意产生。

第二，在双元威权领导的情境因素影响下，团队创意产生和团队创意实施之间的关系如何？尚严领导者和专权领导者在团队内掌握着绝大多数的资源，这些资源是创意得以实施所必需的要素，得到领导首肯的创意会在领导的大力推行和资源支持下实施，因此，团队创意产生能够正向预测团队创意实施。

第三，是否存在边界条件加强或削弱团队创意产生对团队创意实施的影响？已有研究指出，双元威权领导者喜欢独揽决策大权，掌控团队内一切信息和资源（李锐和田晓明，2014）。想要产生的创意能够顺利实施，必须得到领导的信息资源，领导向团队成员主动传达使命、目标，且明确团队成员的工作任务，均有利于团队成员以主人翁的心态积极参与到创意实施的行动中来。领导的信息分享可以为团队成员阐明工作规则、列明工作任务与现行目标，有助于他们明确自己的角色及工作意义，促进创意的实施。因此，本书将对领导信息分享在团队创意产生与团队创意实施间的调节作用进行探索。本章的研究模型如图6-1所示。

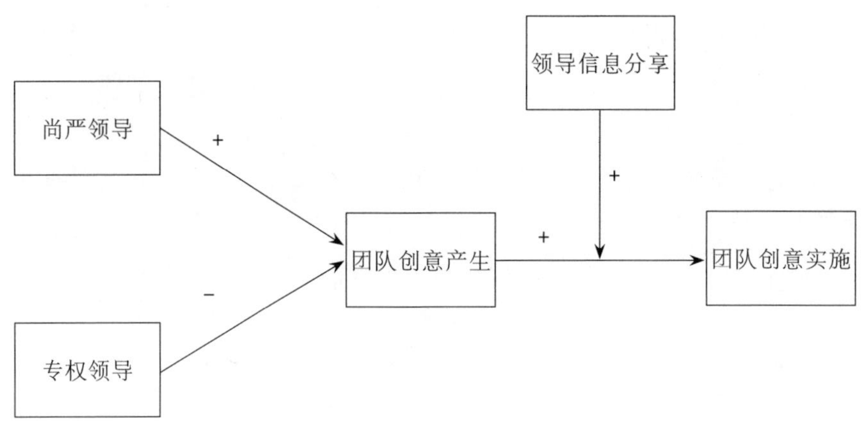

图6-1 第6章的研究模型

6.1.1 团队中的创意产生与创意实施

创意产生（idea generation）即创造力，代表与产品、服务、流程等相关的新颖且实用的创意或想法（Amabile，1996；Shalley、Zhou和Gilson，2004）。而创意实施（idea implementation）则是把新颖且实用的想法转换为相应的产品、服务或流程（West，2002；李艳等，2016）。这里的创意可以由组织中任何层级、任何岗位上的员工提出（Hammond等，2011），不受行业或职业的限制（Shalley、Gilson和

Blum，2009)。

创意产生和创意实施作为创新过程的两个阶段，具有非常明显的区别。首先，创意产生主要是个体内部的认识活动，而创意实施主要是工作场所中人与人间的社会过程（Baer，2012)。在实施创意的过程中，个体需要征求他人对创意的反馈意见，选择最佳创意，并取得他人的支持（Daniels 等，2011)。其次，创意产生是创新过程的早期阶段，需要一个宽松、安全的环境；而创意实施是创新过程的后期阶段，个体需要有“战斗”的激情以坚持对创意的实施（West，2002)。再次，Miron-Spektor 等（2011）提出了“创新悖论”，即创意的产生需要打破常规，勇于探索，敢于冒险并容忍错误，但创意的实施与之相反，它需要在组织约定的范围内，通过被大家接受的渠道把创新整合到组织中。故而，即便最大化创意产生也不必然会直接转为实施，两者不可混为一谈（李艳等，2016)。最后，在一篇理论文章中，Perry-Smith 和 Mannucci (2017）将创新的过程分为四个阶段，即创意产生（generation)、创意加工（elaboration)、创意拥护（championing）与创意实施(implementation)，他们指出创新的不同阶段对个体有不同的需求，创意产生阶段需要的是认知柔性能力，而创意执行阶段需要分享愿景和深入理解的能力。

故而，许多学者认为创意产生和创意实施具有不同的影响因素，如 Axtell 等（2000）认为个体工作特征方面的因素与创意的产生正相关，个体感知到的团队或组织因素与创意实施正相关，创意执行的关键条件在于支持性的管理、员工参与决策以及团队对创新的支持。创意实施事实上是建议的数量与个体感知的团队或组织因素交互作用的函数。如果员工提出了很多建议，那么当团队或组织对创新的支持水平很高时，这些建议更有可能被实施。

不少学者从资源的视角考察从创意产生到创意实施的过程，因为创意的实施离不开关键资源的支持。然而与 Axtell 等（2000）认为创意产生与创意实施之间呈正向关系的看法不同，Baer（2012）认为创意本身带有不确定性和风险，容易引起质疑，所以不到万不得已，创意产生不会直接过渡到创意实施阶段。创意实施事实上是一个社会－政治过程，其中需要进行人际风险的识别以及潜在资源的刺激，故而他们发现创意产生与创意实施之间是负相关关系，并且感知到实施完成可以获得奖励以及自身处于强关系网络中会弱化这种负向关系。Škerlavaj 等（2014）则指出创意产生与创意实施之间是曲线关系，且感知到主管的支持会调节这一关系。Ohly 等（2010）从社会网络的角度考察了网络连接强度与个体创新之间的关系，弱连接有利于创意的产生，强连接则有利于创意的实施。在创意产生环节，当创意还不是很成熟时，个体可能不愿意与领导沟通想法，领导的地位越高，个体向上沟通的意愿越低。因此，个体从领导那里寻求建议的程度是领导在组织中所处地位的负函数。反之，在创意实施环节，为了获取政治资源，个体从领导那里寻求支持的程度是领导在组织中所处地位的正函数。因为领导在组织中的地位越高，掌握的资源就越多。同时，个体与领导的关系越好，个体越有可能从领导那里寻求对创意实施的支持。

还有学者从组织情境出发探讨二者之间的关系。如Škerlavaj 等（2017）从动机氛围（专长氛围与绩效氛围）出发，探讨了专长氛围、绩效氛围以及创意产生的三维交互对创意实施的影响。结果发现，加入专长氛围和绩效氛围的交互之后，原有创意产生和创意实施的倒U形关系变成了正向的线性关系，从而体现了组织中高专长氛围和高绩效氛围的重要性。Černe 等（2018）则探讨领导者与部属的依恋风格以及 HR 系统的交互对创意产生与创意实施的影响。

也有学者开始关注文化在二者关系中的影响。Yao、Wang 和 Dang 等（2012）是为数不多的对中国样本进行研究的学者。他们基于文化价值观角度，发现水平个人主义和水平集体主义与创意产生正相关，垂直集体主义与创意实施正相关。垂直个人主义与创新的两个阶段都无显著关系，但其调节创意产生与创意实施的关系，即垂直个人主义越高，创意产生与创意实施之间的关系越紧密。朱桂龙和温敏瑢（2020）对有关个体层次的创意产生和创意实施的研究进行了系统的梳理，具体研究进展如图6-2所示。

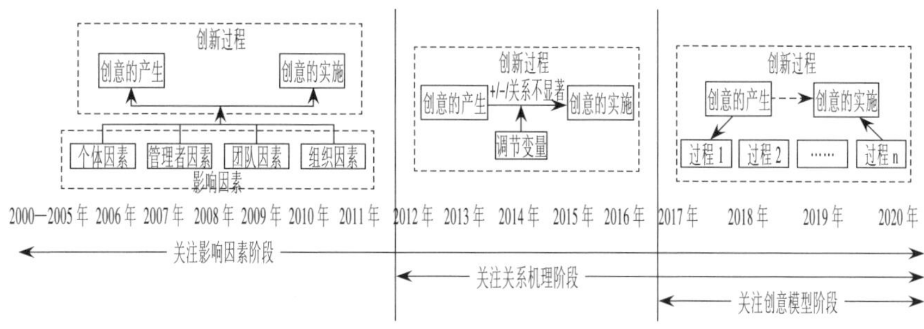

图6-2 创意产生到创意实施的文献研究脉络

注：该图来源于朱桂龙和温敏瑢（2020，p.82）。

相对而言，真正在团队层次探讨创意产生与创意实施的研究还十分少见。Somech和Drach-Zahavy（2013）认为在创意产生阶段，团队的构成（团队的创造性人格、团队成员的教育异质性等）是团队创造力的资本；在创新实施阶段，团队的价值观、规范等（团队的创新氛围等）则是更为重要的因素。他们发现团队的创新人格促进了团队创意的产生，同时，团队创意与团队的创新氛围交互作用于团队创意实施。只有当团队的创新氛围高时，团队的创意才会转化为现实的创新。Li、Xu和Men（2021）的研究发现，团队知识领地性分别对个人创意的产生和团队创意的实施产生显著的积极影响。团队成员希望与其他成员分享他们的知识、经验或创意，并进行互动交流和反馈，从而提高团队创造新想法和实现团队创新的能力。Li、Fu和Ma（2022）认为，以往的研究一般以个人为中心，忽略了团队层面的创意转换过程。为了加强对创意实施作为创新的重要过程的理解，他们借鉴了社会资本视角，并提出了一个团队层面的中介调节模型。实证分析表明，领导者–领导者交换关系（LLX）调节了团队创意产生和实施之间的关系，团队效能中介了LLX对团队创意产生和团队创意实施关联的调节作用。

虽然学术界在创意产生的影响因素方面已经积累了非常丰富的成果，但从创意产生到创意实施还有一段很长的路要走，对于二者之间的关系，尤其是团队层次的创意产生到创意实施之间存在什么影响因素，仍需深入探讨。Shalley等（2009）和Anderson等（2014）均呼吁大家关注团队层次的创意实施问题。此外，正如李艳等（2016）所言，当前研究对团队领导方式在其中的作用关注不足，这为本研究的开展提供可能。

6.1.2 双元威权领导与团队创意产生

威权领导广泛存在于华人组织中，具体表现有专权独断、贬抑下属、形象整饰和教诲下属，以往研究多数认为威权领导会对下属产生负面影响，而对于其可能的积极影响却未达成一致观点。周婉茹等（2010）认为对于威权领导后效研究的不一致性可能是因为未能清晰地描述威权领导的关键内涵，纯粹将其控制内涵视为独断的有害领导行为并不可取。进一步地，他们通过威权领导的不同控制点将其分为控制事的尚严领导和控制人的专权领导，认为尚严领导重视团队的纪律规范，对下属有着较高的绩效要求，监控下属的工作任务，要求下属严格遵守规则、完成目标；而专权领导强调个人权威不容挑战，会通过严密操纵信息的手段令下属完全服从，甚至为维护自己的权威地位压制和反对下属不同于自己的想法。由此可见，尚严领导和专权领导的差异可能会对下属的创意产生起到不同的作用。创意产生是指产生新颖且有潜在价值的事物或想法，包括产生新的产品、服务、制造方法及管理过程等，需要有宽松、安全的氛围（Axtell等，2000；West，2002），它可以促使企业在激烈的竞争中生存、革新和成长（Amabile，1996）。

对于尚严领导而言，首先，领导者强调对事的控制，对团队成员有着较高的绩效要求，往往会监督成员的工作进程，这些行动能够将成员的注意力转移到提高自我要求上，并且有助于敬业度的提升。在这种情境下，团队成员会内化团队目标，个人价值观逐渐与团队价值观相契合（张兰霞和孙琪恒，2020），有助于成员在规则范围内产生利于团队绩效达成的创新思想。其次，尚严领导者会清楚地告知成员团队内的规则和流程，并指明其工作方向（周婉茹等，2010）。在明确团队内部纪律氛围及工作流程的情况下，团队成员在工作中的目标明确，不确定感降低，且理解领导严格控制的出发点旨在绩效更好、更快地达成，自己若提出有助于提升效率和绩效的办法也并不会受到漠视，这会促使团队成员在工作中产生改进措施及提升绩效的新想法。基于以上分析，提出研究假设：

假设1a：尚严领导能够正向影响团队创意产生。

对于专权领导而言，首先，领导者将权力全部掌握在自己手中，擅长利用权谋手段，要求团队成员认可自己的权威，并且无条件地完全服从自己（Chiang，2012；周婉茹，2016）。在这种情境下，团队成员必须按照领导所示意的方式做事，在工作中失去了工作自主性和掌控感，只能遵循既有的流程，不愿进行创新思考（林春培和庄伯超，2014），不利于创意产生。其次，专权领导者认为自己比成员懂得多（Aryee等，2007），对团队成员的观点和能力漠视，甚至会打压和否定不按照自己要求做事的成员，很可能把他们的创新想法归入偏差行为（李锐和田晓明，2014），此时团队成员的心理压力极大，且认为自己并不具备对工作结果产生影响的能力，久而久之也不会有创新想法的产生。最后，专权领导者只会对团队成员进行单向的由上向下的沟通，成员无法与领导交流工作中遇到的问题（Zhang和Xie，2017），难以得到专业知识的精进和发展，导致能力无法提升，限制了创意想法的产生。基于以上分析，提出研究假设：

假设1b：专权领导能够负向影响团队创意产生。

6.1.3 团队创意产生在双元威权领导和团队创意实施中的中介作用

创新活动中必不可少的两个关键要素是创意产生和创意实施（Amabile，1996；Shalley和Zhou，2008）。创意实施是指把新颖、有用的想法转换成相应的产品、服务或流程（Amabile，1996）。Axtell等（2000）指出创意实施的前因除了创意的产生外（Clegg等，2002），还有下属感知到的团队或组织因素，领导的支持、团队成员参与决策以及团队内部的支持对于创意实施都十分重要。尚严领导者聚焦于团队成员工作绩效的完成，当成员以提高绩效等为目的提出创新想法时，会倾听能对工作流程或绩效提高有帮助的想法，并考虑其合理性及潜在的影响，说服领导者接受创意并不费力，之后尚严领导者也会赋予创新项目合法性，并给予资源支持，进而推动创意想法转化为新产品的动态过程（Clegg等，2002；朱桂龙、温敏瑢和王萧萧，2021）。专权领导者强调对团队成员完全的操控及他们无条件的服从，一向漠视他们的观点和能力（郑伯埙，2005），将团队成员提出的创意视作对自身权威的冒犯（李锐和田晓明，2014），让他们只能完全遵从自己决定的工作方式（Chiang，2012），因此团队成员只能被动地按照领导规定的方式完成领导安排的工作任务，对工作自主性产生了极大的负面影响，更不利于创意的产生与实施。基于以上分析，提出研究假设：

假设2a：团队创意产生在尚严领导对团队创意实施的影响中起中介作用。

假设2b：团队创意产生在专权领导对团队创意实施的影响中起中介作用。

6.1.4 领导信息分享在团队创意产生和团队创意实施间的调节作用

创意实施的过程依赖于团队内的互动和联系，创意要想得到实施就必须得到团队内关键性资源的支持（Howell和Higgins，1990；Axtell等，2000），能对创意实施与否起到决定性作用的是团队领导，因为在分配资源和安排任务优先级上，领导更具影响力（Škerlavaj、Černe和Dysvik，2014）。

领导信息分享描述了领导向下属分享、讨论和沟通日常工作的行为（Arnold等，2000）。首先，高水平的领导信息分享意味着领导能够向团队成员说明团队使命和目标（陈倩倩等，2018），给予他们意见以完善创意，使其更贴合团队实际进而增加创意实施成功的可能性。其次，高水平的领导信息分享意味着领导能够向团队成员传达团队发展现状（Chan，2014），指明团队遇到的问题和可优化的方向，使他们明确自己的角色和责任，增强对工作的意义感，进一步完善创意，使其能够解决现存问题，有利于创意实施的推进。最后，领导信息分享是一种关键的社会资源，代表着领导对创意提出者的信任与支持（陈倩倩等，2018），也默认了创意项目的合法性，有助于创意在团队内的实施。基于以上分析，提出研究假设：

假设3：领导信息分享在团队创意产生和团队创意实施的关系中起调节作用，即领导信息分享水平越高，团队创意产生对团队创意实施的影响作用越强。

综上所述，本研究提出被调节的中介假设：

假设4a：领导信息分享调节团队创意产生在尚严领导与团队创意实施之间的中介作用，即领导信息分享水平越高，团队创意产生在尚严领导与团队创意实施之间的中介作用越强。

假设4b：领导信息分享调节团队创意产生在专权领导与团队创意实施之间的中介作用，即领导信息分享水平越高，团队创意产生在专权领导与团队创意实施之间的中介作用越强。

6.2 研究设计

6.2.1 样本选取与数据收集

本研究的样本来自中国东部某一省份，样本涉及房地产、机械制造、能源等多个行业（具体问卷请参考附录2）。为了尽可能地保证样本数据收集工作能够顺利进行，我们首先联系了各个企业的负责人，向他们讲述了本研究的目的，并向企业负责人保证本研究收集到的所有数据仅用于学术研究，不涉及个人的隐私信息和公司的机密信息，不会对员工和公司的利益造成损害。本研究获取可以参与本次调研的员工名单，并对每位员工进行编码，然后把员工的编码在发放问卷前写入问卷，再将问卷放进准备好的信封中。为了尽可能地减少参与调研员工的作答顾虑，施测人员事先在信封密封口处粘好双面胶，员工把问卷全部勾选和填写完成后能使用双面胶把信封密封，然后将其交给问卷发放人员。为了保证研究结果尽可能不受同源偏差的影响，本研究的问卷收集工作分三次进行，时间间隔为两周。大部分问卷的回收采用现场回收的方式，而对于无法做到现场回收的，在问卷发放后的一两个工作日内由施测人员去企业进行回收。

为避免共同方法偏差，我们为领导和员工设计了单独的问卷并采用配对调查来收集两个来源的数据。其中，在时点1收集的问卷包含员工对直属领导风格的评价（尚严领导和专权领导），在时点2收集了领导对团队成员创意产生的评价以及员工对领导信息分享的评价，在时点3收集了领导对团队内创意实施的评价。我们采用现场发放和回收的方式，对96个团队进行了问卷调查，最终收到了332份员工问卷和96份领导问卷，对回收问卷进行筛选后，得到可用于进一步实证分析的样本——包含72个团队的共271份有效员工问卷，团队问卷的有效回收率为75%，员工问卷的有效回收率为81.6%。

6.2.2 测量工具

本研究均采用已被证实的成熟量表，具有良好的信效度。问卷采用李克特5点量表，其中领导行为的1至5代表频率，即“从未发生”到“一直发生”，其他变量的1至5代表“非常不同意”到“非常同意”。

（1）尚严领导。该变量的测量采用周婉茹等（2010）编制的尚严领导量表，共有10个题项，如“领导会督促我的工作进度，要求我全力达成”等。该量表的Cronbach's α值为0.930。

（2）专权领导。该变量的测量采用周婉茹等（2010）编制的专权领导量表，共有8个题项，如“领导者会贬低我在工作上的贡献”等。该量表的Cronbach's α值为0.893。

（3）领导信息分享。该变量的测量采用Arnold等（2000）编制的领导信息分享量表，由员工评价，共有6个题项，如“他（她）会告诉我为什么工作分配会发生变化”等。该量表的Cronbach's α值为0.957。

（4）团队创意产生。该变量的测量采用Baer（2012）编制的创新行为经典量表，由领导者评价，共有3个题项，如“本团队（部门）成员可以发展提升那些使得现有产品（服务）过时的想法”等。该量表的

Cronbach's α值为0.867。

（5）团队创意实施。该变量的测量采用Baer（2012）编制的创新行为经典量表，由领导者评价，共有3个题项，如"我们团队（部门）过去提出的想法已转化为可用产品、流程或程序"等。该量表的Cronbach's α值为0.743。

6.3 研究结果

6.3.1 零模型检验

本研究使用SPSS 20.0分析软件计算各个体层次变量的rwg、ICC（1）和ICC（2），以说明各变量组间变异和在个体间层次的信度。有关结果显示：尚严领导（rwg = 0.949，ICC（1）= 0.355，ICC（2）= 0.675）、专权领导（rwg = 0.936，ICC（1）= 0.325，ICC（2）= 0.644）、领导信息分享（rwg = 0.913，ICC（1）= 0.703，ICC（2）= 0.899）的三项指标均达到标准（James等，1983；Bilese，2000），且上述变量也反映出各变量具有一定组内变异。鉴于此，将个体层面的数据聚合到团队层面是合适且合理的。

6.3.2 多层次验证性因子分析

在进行数据分析前，本研究使用Mplus 8.0分析软件对数据进行了多层次验证性因子分析以检验各研究变量的区分效度。由表6-1可知，五因子模型相对于其他模型而言拟合程度最好（$\chi^2 = 149.743$，CFI = 0.971，TLI = 0.957，RMSEA = 0.080），说明5个研究变量之间具有良好的区分效度。

6.3.3 描述性统计和相关性分析

采用SPSS 20.0统计分析软件分别对研究变量进行描述性统计分析。由表6-2可知，尚严领导与团队创意产生（$r = 0.287$，$p < 0.05$）呈显著

表6-1 多层次验证性因子分析结果

模型	因子组合	χ^2	df	χ^2/df	CFI	TLI	RMSEA
五因子模型	SY、ZQ、LIS、IDG、IDI	149.743	55	2.723	0.971	0.957	0.080
四因子模型	SY+ZQ、LIS、IDG、IDI	569.857	57	9.997	0.842	0.776	0.182
三因子模型	SY+ZQ+LIS、IDG、IDI	1 291.479	58	22.267	0.621	0.471	0.280
二因子模型	SY+ZQ+LIS、IDG+IDI	1 294.987	59	21.949	0.62	0.479	0.278

注：SY代表尚严领导；ZQ代表专权领导；LIS代表领导信息分享；IDG代表创意产生；IDI代表创意实施；“+”代表多个因子合并为一个因子。

表6-2 变量间相关性及描述性统计

变量	1	2	3	4	5	6
1.团队人数	1					
2.尚严领导	−0.136	（0.930）				
3.专权领导	0.057	0.112	（0.893）			
4.领导信息分享	0.012	0.506**	−0.158	（0.957）		
5.团队创意产生	−0.067	0.287*	−0.316**	0.592**	（0.867）	
6.团队创意实施	0.057	0.223	−0.305**	0.669**	0.873**	（0.743）
均值	3.764	3.571	2.352	3.563	3.055	3.295
标准差	1.261	0.578	0.668	1.068	0.914	0.935

注：$^{**}p < 0.01$，$^{*}p < 0.05$（双尾检验）。

正相关关系，与团队创意实施（$r = 0.223$，*n.s.*）正相关，但未到显著状态；专权领导与团队创意产生（$r = -0.316$，$p < 0.01$）呈显著负相关关系，与团队创意实施（$r = -0.305$，$p < 0.01$）呈显著负相关关系；团队创意产生与团队创意实施（$r = 0.873$，$p < 0.01$）呈显著正相关关系。这些相关性与本研究的预期基本相符。

6.3.4 假设检验结果

本研究使用Mplus 8.0软件分析数据，模型路径系数见图6-3

和表6-4。由图6-3可知，尚严领导与团队创意产生呈显著正向关系（$\beta = 0.516$，$p < 0.01$），专权领导与团队创意产生呈显著负向关系（$\beta = -0.482$，$p < 0.01$），团队创意产生与团队创意实施呈显著正向关系（$\beta = 0.751$，$p < 0.001$）。为进一步检验中介作用的间接效应值及置信区间，本研究采用Preacher等（2010）推荐的parametric bootstrap程序（Bootstrap=5 000次），分析结果表明，加入团队创意产生这个中介变量后，尚严领导（直接效应值为-0.186，95%置信区间为［-0.367，0.018］，包含零）和专权领导（直接效应值为-0.035，95%置信区间为［-0.185，0.099］，包含零）对团队创意实施没有直接的显著影响，但是可以通过团队创意产生的中介作用，对团队创意实施产生间接的显著影响（间接效应值分别为0.387和-0.362，95%置信区间分别为［0.135，0.644］和［-0.362，-0.142］，均不包含0），假设1a、假设1b、假设2a、假设2b成立（见表6-3）。

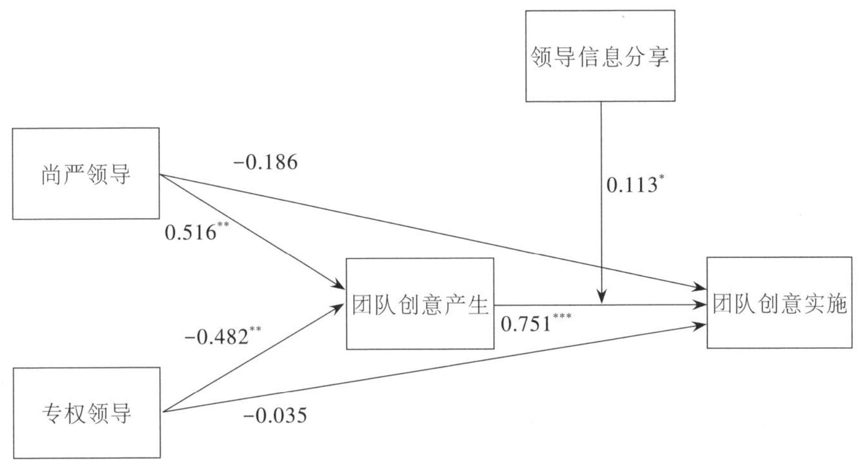

图6-3 模型路径系数

注：N=72。*** $p < 0.001$，** $p < 0.01$，* $p < 0.05$。

表6-3 **Bootstraping的分析结果**

自变量	中介变量	结果变量	间接效应值	95%CI
尚严领导	创意产生	创意实施	0.387	[0.135，0.644]
专权领导			-0.362	[-0.630，-0.142]

表6-4　　　　**全模型路径分析**

	团队创意产生		团队创意实施			
	b	(SE)	b	(SE)	b	(SE)
控制变量						
团队规模	-0.002	0.079	0.085	0.080	0.065	0.035
自变量						
尚严领导	0.516**	0.166	0.449*	0.176	-0.186	0.098
专权领导	-0.482**	0.148	-0.480**	0.151	-0.035	0.072
中介变量						
团队创意产生					0.751***	0.081
调节变量						
领导信息分享					0.290***	0.076
交互项						
团队创意产生×领导信息分享					0.113*	0.044
R^2	0.205*		0.173*		0.603***	

注：N=72。*** $p < 0.001$，** $p < 0.01$，* $p < 0.05$。

同时，我们也可以从表6-4中观察到，尚严领导与专权领导对团队创意实施的直接效果是有显著影响的（分别为 $\beta = 0.449$，$p < 0.05$；$\beta = -0.480$，$p < 0.01$），但在加入中介变量和调节变量之后的全模型中，显著性均消失，这也意味着团队创意产生的中介作用非常强，再次说明假设2a和假设2b成立。

在调节效应的检验上，本研究发现领导信息分享显著正向调节创意产生与创意实施的正向关系（交互项系数 $\gamma = 0.113$，$p < 0.05$），见图6-3和表6-4。为直观描述领导信息分享和团队创意产生对团队创意实施的交互效应，分别取调节变量高水平（M+SD）与低水平（M-SD）进行组合绘制交互效应图，见图6-4。与低领导信息分享相比，当领导信息分享水平高时团队创意产生对团队创意实施的影响作用

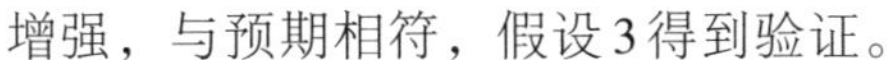
增强，与预期相符，假设3得到验证。

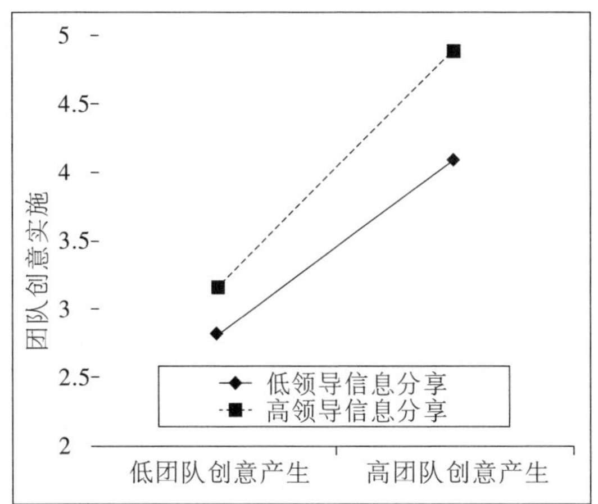

图6-4 领导信息分享对团队创意产生与团队创意实施关系的调节效应图

由表6-5可知，领导信息分享调节尚严领导和专权领导通过团队创意产生对团队创意实施的间接效应值均显著，有调节的中介效应得到验证，假设4a和假设4b得到验证。

表6-5 **被调节的中介检验**

路径	调节变量	间接效应值	标准误	95%CI
尚严领导→团队创意产生→团队创意实施	高领导信息分享	0.636	0.176	[0.261，0.958]
	低领导信息分享	0.396	0.170	[0.049，0.701]
	差异值	0.240	0.094	[0.056，0.430]
专权领导→团队创意产生→团队创意实施	高领导信息分享	−0.361	0.151	[−0.667，−0.072]
	低领导信息分享	−0.602	0.159	[−0.916，−0.284]
	差异值	0.241	0.094	[0.056，0.430]

6.4 本章小结

本研究主要得到以下结论：（1）尚严领导正向影响团队创意产生，

专权领导负向影响团队创意产生；（2）尚严领导通过正向影响团队创意产生来间接影响团队创意实施，专权领导通过负向影响团队创意产生来间接影响团队创意实施；（3）领导信息分享正向调节团队创意产生与团队创意实施之间的积极关系；（4）领导信息分享调节团队创意产生在尚严领导与团队创意实施之间的中介作用，领导信息分享调节团队创意产生在专权领导与团队创意实施之间的中介作用。

本研究具有重要的理论意义。第一，以往关于威权领导与创新之间的研究通常是笼统地探索二者之间的关系，本研究一方面将威权领导分为尚严领导和专权领导两个方面进行研究，另一方面通过将创新的过程分为创意产生和创意实施两个阶段，来探索双元威权和创意产生与创意实施之间的关系，这对于从创新的过程来厘清威权领导与创新之间的关系具有重要的意义。

第二，以往的研究还局限在个体创新的过程上，本研究则更重视从团队层面来探索团队创意产生和团队创意实施这一团队创新的过程。很显然，个体层面的创意产生与创意实施和团队层面的创意产生与创意实施不是简单的叠加关系，而是需要经过团队成员之间的互动与思维碰撞产生化学变化，故而本研究从团队层次来探究团队创新过程的影响机制具有重要价值。

第三，本研究发现尚严领导这一控制事的领导方式能够给团队创意产生带来积极影响，而专权领导这一控制人的领导方式则会给团队创意产生带来消极影响，这对于进一步厘清威权领导与创新的复杂关系具有积极作用。

7 目标导向视角下双元威权领导对团队双元创新的影响机制研究

7.1 概念模型与研究假设

自 March（1991）提出组织中存在“探索”（exploration）和“利用”（exploitation）两种不同的组织学习之后，学术界关于双元学习和双元创新的研究便日益增加，其迅速成为学术界研究创新的一个主流方向（董保宝、程松松和张兰，2022；杨瑚和蔡雪玲，2022）。关于双元创新（ambidexterity innovation）的研究趋势如图 7-1 所示。然而，关于如何理解双元创新，依然存在很多分歧。目前主流的理解是，探索式创新（exploratory innovation）侧重于从 0 到 1 的创新，着眼于长远目标，寻找全新的技术和市场，幅度大而激进（Benner 和 Tushman，2003），一般属于颠覆性创新范畴；而利用式创新（exploitative innovation）侧重于从 1 到 N 的创新，着眼于对现有技术的迭代和升级，创新幅度小而渐进，一般属于渐进式创新范畴（凌鸿程等，2022；杨瑚和蔡雪玲，2022）。March（1991）认为，探索式创新和利用式创新并非相互矛盾、相互割裂，而是相互补充的，企业经常需要平衡这两种创新，才能更好地在不确定的环境中处于有利位置。

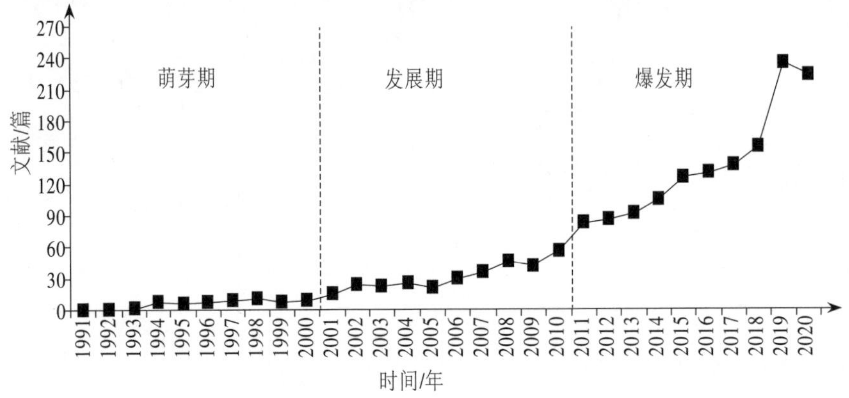

图7-1 双元创新的研究脉络

注：资料来源于董保宝、程松松和张兰（2022，p.309）。

双元创新的实现高度依赖于组织内部利用和创造知识的能力（Lubatkin 等，2006）。以往关于双元创新的研究往往侧重于组织层次，而如今创新的范围已不再局限于产品或技术创新，团队作为企业创新的关键单位（王唯梁和谢小云，2015），能够集聚成员的知识与能力，团队成员表现出具有创新性质的行为对企业也十分重要（宋锟泰等，2019）。更为重要的是，组织层次的创新也需要建立在团队层次的创新之上，这表明有必要在团队层次对双元创新进行研究。现有学者过多关注变革型领导、恩威并施领导等领导方式在推动员工创新中发挥的作用（陈永贵等，2022；黄菲雨和王菲，2022）。双元威权领导作为中国本土典型的领导方式，对企业双元创新有重要影响（傅晓等，2012；黄菲雨和王菲，2022），但对团队层次的双元创新的影响还有待考察。因此本研究的第一个目的是检验双元威权领导对团队双元创新的影响。

目标导向理论（goal-orientation theory）认为员工的目标导向作为在工作中形成的一种固有的个性特征，与工作方式、工作态度和工作理念高度相关。目标导向依据反应模式可以分为学习目标导向和绩效目标导向，本研究重点关注绩效目标导向的作用。绩效目标导向通常被用来解释员工绩效目标与行为间的关系，该理论指出个体成就动机会影响其情感、认知和行为（Elliot和Dweck，1988）。绩效目标导向进一步可以分为绩效趋向目标导向（performance approach goal orientation）和绩效规避目标导向（performance avoidance goal orientation）两种类型（Elliot和Harackiewicz，1996），前者指的是个体聚焦于能力展示和获得对自己能力的肯定性评价，后者则聚焦于不展示自己的不足和避免对自己能力的否定性评价。Rhee和Choi（2017）的研究指出个体的绩效目标导向能够影响个体的知识管理进而导致不同的创新行为，同时该种导向会因工作情境而发生显著的变化。团队目标导向是团队个体所形成的共同目标导向。领导行为作为个体面对的关键情境因素，在指导个体及团队目标导向的形成和改变过程中起到了关键作用。以往研究多关注领导行为对个体目标导向的影响，团队目标导向较少得到关注（管建世等，2016），因此，本研究的第二个目的是基于目标导向理论，探讨团队绩效目标导向在双元威权领导和双元创新关系中的中介作用。

综上，本研究旨在目标导向视角下探讨双元威权领导与双元创新之间的关系，本研究的理论模型如图7-2所示。

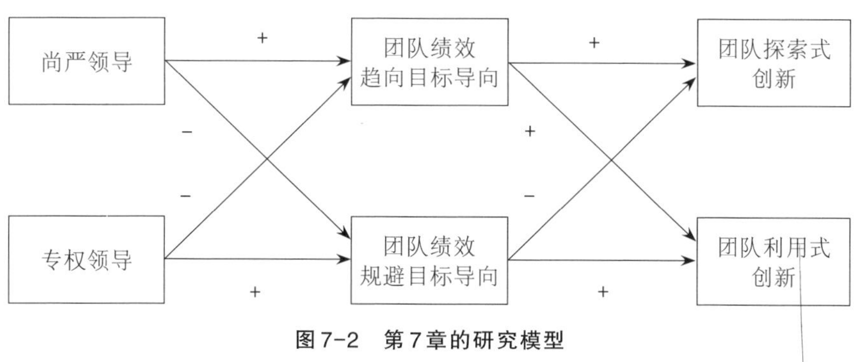

图7-2　第7章的研究模型

7.1.1　双元威权领导与团队双元创新

如前所述，探索式创新和利用式创新作为一种重要的双元创新方式成为当前创新研究的焦点（张敏等，2016）。从个体层面来看，Scott和Bruce（1994）对两类创新进行了界定，他们将探索式创新定义为个体从事与新产品、新技术、新流程开发等有关的活动的行为，将利用式创新定义为个体从事与改良当前产品、技术和流程等有关的活动的行为。可以看出，探索式创新要求个体在工作中从外界获取新的知识、探索新的机会、尝试新的方法，而利用式创新则强调利用和挖掘已有知识（Rosing 和 Zacher，2016），前者面临的风险较大，成功的概率较低；后者面临的风险较小，成功概率相对较高。

更为重要的是，关于双元创新之间的关系，目前也存在分歧，根据董保宝、程松松和张兰（2022）的分类，双元创新表现为竞争与对立、差异与分化、整合与集成、平衡与组合等四个类别。本研究认同 Gibson 和 Birkinshaw（2004）对双元创新的界定，即从整合与集成视角来看待双元创新，他们认为探索式创新与利用式创新之间不一定是根本性的竞争关系，它们可以在同一时空内进行。换言之，双元创新最终体现在员工的具体行为中，通过创造一种动态而灵活的组织情境，员工能够在探索式创新和利用式创新之间自由分配时间和精力。在这一情境的作用下，员工能够利用相同的经验、能力和流程同时执行探索式与利用式创新活动，并实现二者的协调和整合（董保宝等，2022）。

而从团队层面来看，团队双元创新较少得到关注，一般研究都是基于高管团队（TMT）开展的，真正基于工作团队的研究很少。在最近的一项研究中，李其容、李春萱和杨艳宇等（2022）考察了绩效压力对团队突破式创新与渐进式创新的影响机理及边界条件。他们发现绩效压力通过引发团队挑战性评估，对突破式创新产生积极影响；同时通过引发团队威胁性评估，对渐进式创新产生积极影响。他们还发现，当团队韧性较高时，绩效压力与挑战性评估之间的正向关系加强，进而与突破式创新的关系也增强；相反，绩效压力与威胁性评估之间的正向关系减弱，进而与渐进式创新的关系也减弱。

而就双元威权领导而言，控制事的尚严领导指领导者会根据组织标准与规则严格监控下属，并为其制定工作规范及目标，控制人的专权领导指领导者通过权威手段操纵下属，令其完全服从自己。前者仅限于对下属工作的控制与要求，后者则对下属的人格和尊严产生了损害（樊景立和郑伯埙，2000）。本研究认为，以往关于双元创新的研究绝大多数集中在组织层次，少部分研究涉及个体层次，但在团队层次上对团队双元创新开展的研究至今依然很少，这为本研究的开展提供了可能性。本研究认为，尚严领导与专权领导很可能会对团队双元创新产生不同的影响效果。

(1) 尚严领导和团队双元创新

团队在执行探索式创新活动时，需要打破对原有知识与经验的路径依赖，更加灵活地运用新知识、新技术和新方法对未知领域发起冲击，但也需要承担更多的风险。而团队在执行利用式创新时，新观点同样难以获取，其要求创新主体对现状进行深入的思考，并需要不断重复行动与坚持寻求改善的路径（李其容等，2022）。因此，首先，尚严领导者会为团队成员指明工作目标，在遇到问题时进行工作指导（黄旭，2017）。在该种情境下，团队成员认为领导能够有效解决遇到的问题，更加信任领导的能力，有助于团队成员提高自我要求及敬业度，进而愿意主动去探索新的知识和新的机会（Chen等，2020），也会重新梳理团队内已有的知识。

其次，尚严领导者会向团队成员说明工作流程、规章制度和团队的核心价值（任金刚等，2003），这些信息有助于团队成员理解个人任务与达成团队目标之间的关联性，感受到工作意义，提升创新积极性，在挖掘现有知识潜力的同时也会更广泛地搜寻有利于任务达成的新知识和新技能。

最后，尚严领导者严密监控团队成员的任务完成情况，严格把控成员的工作进度，在团队成员看来，领导的严格要求不仅是为了达成团队目标，更是对他们能力的锻炼，这也会促使团队成员关注潜在的问题和外界环境的变动，主动获取外界知识、提升学习能力，并在团队内部进行信息交流与思考，增加他们进行双元创新的可能性。因此，我们提出假设：

假设1：尚严领导对团队探索式创新（1a）和团队利用式创新（1b）均存在正向影响。

(2) 专权领导和团队双元创新

首先，专权领导者强调个人权威不容侵犯，要求团队成员无条件地服从自己的决策，利用个人权威对成员进行全方位的操控（周婉茹，2016；Chiang，2012），这会让成员感受到团队内极度压抑的气氛，他们只能按照领导安排的路线前进，极大地限制了其获取新知识、新技能的机会。

其次，专权领导者在团队中聚焦于提升个人地位，认为自己的学识和能力远在团队成员之上（Aryee等，2007），漠视团队成员表达的观点和技能，甚至认为成员的创新行为是偏差行为（李锐和田晓明，2014），会在遇到问题的第一时间斥责成员，在其成员看来这是对自己的贡献的极大不尊重，会承受较大的心理压力，导致其将大多数的时间和精力都放在严格遵守领导的规则上，为避免斥责也会主动减少对探索性项目的参与（李忆等，2014）。

最后，专权领导者与团队成员进行单向的由上至下的沟通（Zhang和Xie，2017），自己掌控的关键信息绝不透露给成员，使其难以了解组织运行现状，且难以揣摩领导的想法，心理安全感降低，更可能采取风险较低的方式完成领导的绩效要求，对已有知识进行提炼和挖掘，而非冒着失败的风险探索外部的新知识、学习新技能。因此，我们提出假设：

假设2：专权领导对团队探索式创新（2a）有负向影响，对团队利用式创新（2b）有正向影响。

7.1.2 团队绩效目标导向的中介作用

绩效目标导向指的是个体聚焦于工作表现时的行为动机倾向（Dweek和Leggett，1988；Mehta等，2009），可以分为绩效趋向目标导向和绩效规避目标导向两种类型（Elliot和Harackiewicz，1996）。其中，绩效趋向目标导向的个体关心的是实现高绩效的产出，而绩效规避目标导向的个体关心的是避免产生低绩效，这种团队目标导向的形成受特定的领导行为所影响（管建世等，2016）。因此，在尚严领导和专权领导的不同影响下，团队成员可能会形成不同的团队绩效目标导向。

本研究认为尚严领导会正向预测团队绩效趋向目标导向，而专权领导则会负向预测团队绩效趋向目标导向。尚严领导者强调对事的控制，对团队绩效有很高的要求，会明确团队任务及成员各自分工，严密把控团队的工作进展，成员遇到问题也会及时地提供指导。

首先，尚严领导者在提出团队绩效要求时会向团队成员说明规章制度，进行流程与任务分配，使团队成员明确角色分工，并清楚地知道完成个人部分工作任务对达成团队任务的重要影响，能激发团队成员的工作价值感与自我效能感（周婉茹等，2010），进而在团队内部产生对绩效实现的一致追求。

其次，尚严领导者会与团队成员沟通工作中遇到的困难，并提供指导与帮助，使团队成员能够在很大程度上减少工作中的不确定性，增加对领导的信任水平，愿意在工作中学习对效率提升有利的知识与做法（Chen等，2017），进而形成较高的自我要求和敬业度（郑伯埙和周丽芳，2005），有利于团队绩效趋向目标导向的形成。相应地，尚严领导也会抑制团队绩效规避目标导向的形成。因此，我们提出假设：

假设3：尚严领导对团队绩效趋向目标导向（3a）的形成有正向影响，对团队绩效规避目标导向（3b）的形成有负向影响。

相比之下，专权领导者强调对“人”的控制，认为自己有权操控团队成员，要求成员对自己无条件服从，且掌管团队内一切信息，决策独断，不倾听成员的想法与建议，出现问题时会斥责下属。

首先，专权领导者对团队成员的严密管控在团队中营造出压抑的氛围，漠视成员的创新想法，不尊重成员贡献，面对问题时往往采取贬抑、斥责的方式。在该种情境下，团队成员的工作自主性降低，害怕任务的失败，因此在工作中严格遵从领导的计划，避免意外情况的发生。

其次，专权领导者在工作中不透露关键信息，与团队成员保持着单向的、由上而下的命令式安排，团队成员处于模糊的工作状态中，工作安全感缺失，他们只会完成本分工作，绝不会主动投入到有风险的高难度任务中，团队整体呈现一种避免风险、遵循常规完成绩效的工作导向。故而，专权领导会抑制团队绩效趋向目标导向的形成，但会促进团队绩效规避目标导向的形成。因此，我们提出假设：

假设4：专权领导对团队绩效趋向目标导向的形成有负向影响

（4a），对团队绩效规避目标导向的形成有正向影响（4b）。

Dweck和Leggett（1988）提出，追求不同目标的个体会产生不同的认知和行为，团队也是如此。首先，持绩效趋向目标导向的团队成员彼此分享与任务达成有关的新知识，他们致力于团队任务及目标的实现（管建世等，2016），所以在工作中主动性强，更容易产生创新想法（朱晴和赵英杰，2021）。

其次，这类团队成员对外部信息很敏感，能够意识到获取外部的多元信息有助于提升绩效和团队能力（Hirst等，2009），会将自己获取的信息与团队成员分享，促进团队内部知识的碰撞，大大增加了产生新知识的概率。

最后，这类团队成员有着很强的内在动机（Elliot等，1996），在工作中充满毅力，不惧怕高绩效的挑战，会努力促成团队绩效的达成，愿意为了绩效的提升参与风险较大的探索创新行为。综上，团队的绩效趋向目标导向能够更为全面地解释团队创新动机，进而积极影响团队探索式创新和团队利用式创新。因此，我们提出假设：

假设5：团队绩效趋向目标导向在双元威权领导与团队探索式和利用式创新的关系间起到中介作用。尚严领导通过正向影响团队绩效趋向目标导向，增加团队探索式创新（5a）和利用式创新（5b）；专权领导通过负向影响团队绩效趋向目标导向，减少团队探索式创新（5c）和利用式创新（5d）。

与持绩效趋向目标导向的团队相反，首先，持绩效规避目标导向的团队聚焦于避免犯错和引发领导斥责，惧怕失败，只会从事领导规定的必须完成的创新任务，完全在外部动机的驱使下行动，会回避容易出错的任务，更愿意保守地完成工作（马君等，2015）。

其次，团队成员关注具体的个人工作目标，喜欢在稳定和可掌控的情境下谨慎地工作，不愿意尝试使用新知识、新方法（曹洲涛和李语嫣，2021），团队内部很少进行新信息分享。在难度大、风险高的探索式创新和难度小、风险低的利用式创新中，利用式创新所消耗的时间短，可通过对内部知识进行深入挖掘整合获得，且成功的概率也较高，而探索式创新需要团队成员不仅付出更多的时间搜寻外部信息，还要面临很大的失败风险。因此，为规避风险，持团队绩效规避目标导向的团队成员更可能选择利用式创新，而不会选择探索式创新。综上，我们提出假设：

假设6：团队绩效规避目标导向在双元威权领导与团队探索式和利用式创新的关系间起到中介作用。尚严领导通过负向影响团队绩效规避目标导向，增加团队探索式创新（6a），减少团队利用式创新（6b）；专权领导通过正向影响团队绩效规避目标导向，减少团队探索式创新（6c），增加团队利用式创新（6d）。

7.2 研究设计

7.2.1 样本选取与数据收集

与第6章的研究样本一致，本研究的样本所在地区为中国东部某一省份，样本包含房地产、机械制造、能源等多个行业（具体问卷请参考附录2）的公司员工及其所在单位的直接领导。为避免共同方法偏差，我们为领导和员工设计了单独的问卷并采用配对调查来收集两个来源的数据。在时点1，我们收集了包含员工对直属领导风格的评价（尚严领导和专权领导）的问卷，以及领导对团队绩效趋向目标导向和团队绩效规避目标导向的评价；在时点2，我们收集了领导对团队内探索式创新和利用式创新的评价。我们采用现场发放和回收的方式，对96个团队进行了问卷调查，最终收到了332份员工问卷和96份领导问卷，对回收问卷进行筛选后，得到可用于进一步实证分析的团队样本共72个，有有效问卷271份。团队样本的有效回收率为75%，员工样本的有效回收率为81.6%。

7.2.2 变量与测量工具

本研究均采用已被证实的成熟量表，具有良好的信效度。问卷采用李克特5点量表，其中领导行为的1至5代表的是频率，即“从未发生”

到“一直发生”，其他变量的1至5代表“非常不同意”到“非常同意”。

（1）尚严领导。该变量的测量采用周婉茹等（2010）编制的尚严领导量表，共有10个题项，如“领导会督促我的工作进度，要求我全力达成”等。该量表的Cronbach's α值为0.930。

（2）专权领导。该变量的测量采用周婉茹等（2010）编制的专权领导量表，共有8个题项，如“领导者会贬低我在工作上的贡献”等。该量表的Cronbach's α值为0.893。

（3）团队绩效趋向目标导向。该变量的测量采用Gong等（2013）编制的量表，共有4个题项，如“本团队（部门）喜欢那些能向其他团队证明我们能力的任务”等。该量表的Cronbach's α值为0.744。

（4）团队绩效规避目标导向。该变量的测量采用Gong等（2013）编制的量表，共有4个题项，如“如果证实其他团队完不成某项任务，那本团队（部门）会尽力避免去承担此项任务”等。该量表的Cronbach's α值为0.748。

（5）团队探索式创新。该变量的测量采用傅晓等（2012）编制的探索式创新量表，共有6个题项，如“我们团队（部门）经常利用新兴市场上的新机会”等。该量表的Cronbach's α值为0.965。

（6）团队利用式创新。该变量的测量采用傅晓等（2012）编制的利用式创新量表，共有6个题项，如“我们团队（部门）为本地市场引进现有的但是有所改良的产品和服务”等。该量表的Cronbach's α值为0.946。

7.3 研究结果

7.3.1 零模型检验

本研究使用SPSS分析软件计算个体层次变量的rwg、ICC（1）和ICC（2），以说明各变量组间的变异和在个体间层次的信度。有关结果显示：尚严领导（rwg = 0.949，ICC（1）= 0.355，ICC（2）= 0.675）、专权领导（rwg = 0.936，ICC（1）= 0.325，ICC（2）= 0.644）的三项指标均达到标准（James等，1983；Bilese，2000），且上述变量也反映出各变量具有一定的组内变异。鉴于此，将个体层面的数据聚合到团队层面是合适且合理的。

7.3.2 多层次验证性因子分析

在进行数据分析前，本研究使用Mplus 8.0分析软件对数据进行了多层次验证性因子分析以检验各研究变量的区分效度。由表7-1可知，六因子模型相对于其他模型而言，拟合程度最好（χ^2 = 454.721，CFI = 0.920，TLI = 0.905，RMSEA = 0.072），说明6个研究变量之间具有良好的区分效度。

表7-1　　多层次验证性因子分析结果

模型	因子组合	χ^2	df	χ^2/df	CFI	TLI	RMSEA
六因子模型	SY、ZQ、PAP、PAV、exploration、exploitation	454.721	190	2.393	0.920	0.905	0.072
五因子模型	SY、ZQ、PAP、PAV、exploration+exploitation	816.832	193	4.232	0.811	0.779	0.109
四因子模型	SY、ZQ、PAP+PAV、exploration+exploitation	859.829	195	4.409	0.799	0.767	0.112
三因子模型	SY、ZQ、PAP+PAV+exploration+exploitation	922.816	196	4.708	0.780	0.747	0.117
二因子模型	SY+ZQ、PAP+PAV+exploration+exploitation	1 881.557	197	9.551	0.491	0.416	0.178

注：SY代表尚严领导；ZQ代表专权领导；PAP代表团队绩效趋向目标导向；PAV代表团队绩效规避目标导向；exploration代表探索式创新；exploitation代表利用式创新；“+”代表多个因子合并为一个因子。

7.3.3 描述性统计和相关性分析

本研究采用SPSS统计分析软件分别对研究变量进行描述性统计分析。由表7-2可知，尚严领导与团队绩效趋向目标导向（r = 0.361，

$p < 0.01$）呈正相关关系，与团队绩效规避目标导向（$r = -0.271$，$p < 0.05$）呈负相关关系；专权领导与团队绩效趋向目标导向（$r = -0.245$，$p < 0.05$）呈负相关关系，与团队绩效规避目标导向（$r = 0.376$，$p < 0.01$）呈正相关关系；团队绩效趋向目标导向与团队探索式创新（$r = 0.413$，$p < 0.01$）呈正相关关系，与团队利用式创新（$r = 0.276$，$p < 0.05$）呈正相关关系；团队绩效规避目标导向与团队探索式创新（$r = -0.413$，$p < 0.01$）呈负相关关系，与团队利用式创新（$r = 0.283$，$p < 0.05$）呈正相关关系。这些相关性基本符合本研究的预期，为我们开展接下来的分析奠定基础。

表7-2 **变量间相关性及描述性统计**

变量	1	2	3	4	5	6	7
1.团队人数	1						
2.尚严领导	-0.136	(0.930)					
3.专权领导	0.057	0.112	(0.893)				
4.团队绩效趋向目标导向	0.011	0.361**	-0.245*	(0.744)			
5.团队绩效规避目标导向	0.008	-0.271*	0.376**	-0.352**	(0.748)		
6.团队探索式创新	0.140	0.173	-0.310**	0.413**	-0.413**	(0.965)	
7.团队利用式创新	0.017	0.039	-0.032	0.276*	0.283*	0.498**	(0.946)
均值	3.764	3.571	2.352	3.597	2.854	1.879	2.583
标准差	1.261	0.578	0.668	0.649	0.765	1.194	1.262

注：**$p < 0.01$，*$p < 0.05$（双尾检验）。

7.3.4 假设检验结果

根据Preacher和Hayes（2008）关于多重中介检验的研究，传统回归方法不适合多重中介的验证，用路径系数乘数来验证中介作用是多重中介模型中比较推荐的验证方法。由于本研究涉及团队绩效趋向目标导向和团队绩效规避目标导向2个中介变量以及探索式创新和利用式创新2个结果变量，研究路径较多且复杂，因此使用Mplus 8.0软件来对假设进行检验。图7-2和表7-3呈现了路径分析的结果，尚严领导正向影响团队探索式创新（$\beta = 0.238$，$p < 0.05$），但对团队利用式创新没有显著

影响（β = 0.047，*n.s.*），因此假设 1a 得到支持，而假设 1b 没有得到支持。同时，专权领导负向影响团队探索式创新（β = −0.348，$p < 0.01$），但对团队利用式创新没有显著影响（β =−0.039，*n.s.*），因此假设 2a 得到支持，而假设 2b 没有得到支持。

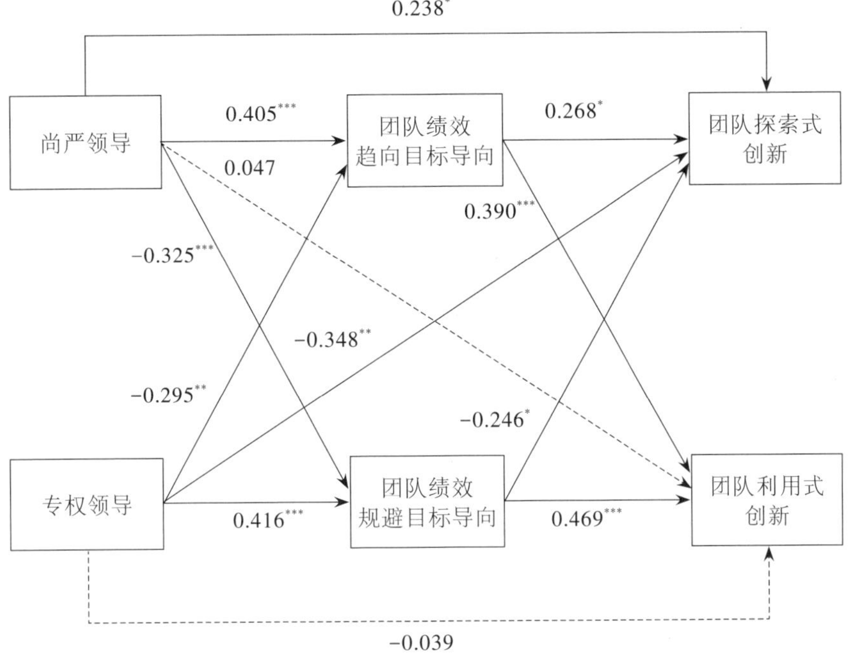

图 7−3　路径分析结果

注：N=72。*** $p < 0.001$，** $p < 0.01$，* $p < 0.05$。图中虚线表示路径系数不显著，实线表示路径系数显著。

尚严领导正向预测团队绩效趋向目标导向（β = 0.405，$p < 0.001$），负向预测团队绩效规避目标导向（β = −0.325，$p < 0.001$），故而假设 3a 和假设 3b 成立。中介效应分析（见表 7−4）结果显示，尚严领导通过团队绩效趋向目标导向影响探索式创新和利用式创新的间接效应值分别为 0.109 和 0.158，95% 的置信区间分别为［0.024，0.551］和［0.130，0.672］，均不包括零，故而假设 5a 和假设 5b 成立。尚严领导通过团队绩效规避目标导向影响探索式创新和利用式创新的间接效应值分别为 0.080 和−0.152，95% 的置信区间分别为［0.005，0.393］和［−0.631，−0.124］，均不包括零，故而假设 6a 和假设 6b 成立。

表7-3 全模型路径分析

	团队绩效趋向目标导向		团队绩效规避目标导向		团队探索式创新				团队利用式创新			
	β	SE	β	SE	β	SE	β	SE	β	SE	β	SE
控制变量												
团队人数	0.083	0.091	-0.061	0.081	0.193	0.107	0.157	0.095	0.026	0.119	0.02	0.105
自变量												
尚严领导	0.405***	0.093	-0.325***	0.092	0.238*	0.106	0.052	0.135	0.047	0.120	0.04	0.126
专权领导	-0.295**	0.103	0.416***	0.089	-0.348**	0.102	-0.170	0.113	-0.039	0.119	-0.12	0.131
中介变量												
团队绩效趋向目标导向							0.268*	0.124			0.390***	0.107
团队绩效规避目标导向							-0.246*	0.130			0.469***	0.101
R^2	0.219*		0.244**		0.176*		0.281**		0.004		0.288***	

注：***p < 0.001，**p < 0.01，*p < 0.05。

专权领导负向预测团队绩效趋向目标导向（β = −0.295，p < 0.01），正向预测团队绩效规避目标导向（β = 0.416，p < 0.001），假设4a和假设4b成立。专权领导通过团队绩效趋向目标导向影响探索式创新和利用式创新的间接效应值分别为−0.079和−0.115，95%的置信区间分别为［−0.392，−0.010］和［−0.487，−0.051］，均不包括零，故而假设5c和假设5d成立。专权领导通过团队绩效规避目标导向影响探索式创新和利用式创新的间接效应值分别为−0.102和0.195，95%的置信区间分别为［−0.433，−0.004］和［0.186，0.610］，均不包括零，故而假设6c和假设6d成立。综上，团队绩效趋向目标导向和团队绩效规避目标导向在尚严领导、专权领导和团队双元创新之间的中介作用成立。因此，除假设1b和假设2b外，本研究其他所有假设均得到验证。

表7-4 中介效应检验结果

中介模型	中介效应值	95%CI
尚严领导→团队绩效趋向目标导向→团队探索式创新	0.405×0.268=0.109	[0.024，0.551]
尚严领导→团队绩效趋向目标导向→团队利用式创新	0.405×0.390=0.158	[0.130，0.672]
尚严领导→团队绩效规避目标导向→团队探索式创新	-0.325×（-0.246）=0.080	[0.005，0.393]
尚严领导→团队绩效规避目标导向→团队利用式创新	-0.325×0.469=-0.152	[-0.631，-0.124]
专权领导→团队绩效趋向目标导向→团队探索式创新	-0.295×0.268=-0.079	[-0.392，-0.010]
专权领导→团队绩效趋向目标导向→团队利用式创新	-0.295×0.390=-0.115	[-0.487，-0.051]
专权领导→团队绩效规避目标导向→团队探索式创新	0.416×（-0.246）=-0.102	[-0.433，-0.004]
专权领导→团队绩效规避目标导向→团队利用式创新	0.416×0.469=0.195	[0.186，0.610]

7.4 本章小结

本研究主要得到以下结论：(1) 尚严领导对团队探索式创新存在显著正向影响，但对团队利用式创新不存在显著影响。这意味着，尚严领导者更强调以高绩效、高标准完成任务，更能促进团队做有突破性的探索式创新，但对于渐进式的利用式创新则不产生直接影响。(2) 专权领导对团队探索式创新有显著负向影响，但对团队利用式创新不存在显著影响。这意味着，专权领导者更强调对人的控制，这会对团队的探索式创新产生不利影响，但对于利用式创新不产生直接影响。(3) 尚严领导对团队绩效趋向目标导向的形成有正向影响，对团队绩效规避目标导向的形成有负向影响。相反，专权领导对团队绩效趋向目标导向的形成有负向影响，对团队绩效规避目标导向的形成有正向影响。(4) 团队绩效趋向目标导向在双元威权领导与团队探索式和利用式创新的关系间起到了中介作用。尚严领导通过正向影响团队绩效趋向目标导向，增加团队探索式创新和利用式创新；专权领导通过负向影响团队绩效趋向目标导向，减少团队探索式创新和利用式创新。(5) 团队绩效规避目标导向在双元威权领导与团队探索式和利用式创新的关系间起到了中介作用。尚严领导通过负向影响团队绩效规避目标导向，增加团队探索式创新，减少团队利用式创新；专权领导通过正向影响团队绩效规避目标导向，减少团队探索式创新，增加团队利用式创新。

本研究具有重要的理论价值。以往的研究，如傅晓、李忆和司有和（2012）的研究曾经探索过威权领导与双元创新的关系，发现威权领导对探索式创新的产生无明显影响，却会抑制利用式创新的产生。李忆、桂婉璐和刘曜（2014）也分析了家长式领导与企业战略的匹配关系，讨论了其匹配关系对双元创新产生的不同影响，发现只有在分析者战略下，威权领导对利用式创新有负向影响，但对探索式创新没有直接影响。与上述两项研究不同的是，本研究将威权领导分为专权领导和尚严领导两个维度，发现专权领导和尚严领导对团队探索式创新分别有负向和正向的影响，但对团队利用式创新没有直接的影响。同时，本研究发现了团队绩效目标导向的中介作用，专权领导和尚严领导更多地通过团队绩效趋向目标导向和团队绩效规避目标导向来影响团队双元创新。本研究深化了威权领导与团队层次双元创新之间的关系。

更为重要的是，以往有关双元创新的研究多聚焦在组织层次，一部分研究聚焦于个体层次，真正针对工作团队层次（而非高管团队）开展的对双元创新的研究至今寥寥无几。本研究基于团队绩效目标导向这一视角，厘清了双元威权领导对团队双元创新的复杂影响机制，为团队双元创新触发机制的研究提供了更多借鉴和思考。

8 结论与讨论

8.1 主要结论

作为最具争议的中国本土领导风格，威权领导的功能、效用、运行逻辑以及如何与中国式现代化相融合始终是当代学者关注的焦点（黄旭，2017；林姿葶等，2014；周婉茹等，2010）。近年来，威权领导面临着日益“污名化”的困境，有研究提议不应该将威权领导纳入领导的概念范围之内（章凯等，2022），基于此，为进一步挖掘威权领导更深层次的内涵和运行逻辑，本书从多层次、多视角对双元威权领导与组织内员工与团队创新之间的复杂关系进行了深入的探索，以期回应当前学术界对威权领导这一概念的关切。通过理论探讨和实证分析，本书的主要研究结论提炼如下。

第一，本书通过大量的理论与实证分析，充分说明：相较于单维度的威权领导，双元威权领导（尚严 vs 专权）能够更充分地展现威权领导的内涵。本书通过第2章的元分析和第3章的理论分析发现，以往关于单维度的威权领导的研究结果，无论是在个体层次还是团队层次，大多数是负面的。然而，本书第4章、第5章、第6章和第7章的实证研究发现，尚严领导和专权领导大多显示出差异化的作用结果，其中强调对任务高标准、严要求的尚严领导会对个体创新与团队创新产生积极的影响，而强调对下属控制的专权领导则显示出对个体创新与团队创新消极的影响。这一研究结果与周婉茹等（2010）、王磊和邢志杰（2019）、Zhao等（2022a，2022b）的发现一脉相承，意味着即使在整个社会权力距离不断缩小的今天，威权领导中的尚严领导元素依然能够有效促进组织发展。这提醒我们要辩证地看待威权领导的后效，后续值得对尚严领导进行更为深入的机理研究。

第二，威权领导与创新之间的关系一直是当前研究的焦点话题，这是因为我们一般认为，一个主张自主和授权的环境更有助于创新的产生（Amabile，1988；West，2002；Zhang和Bartol，2010），强调严苛控制的威权领导与创新之间看似存在矛盾之处，如何理解二者之间的关系无论是在宏观层面还是微观层面都有着至关重要的作用。从宏观层面看，威权领导一直是中国传统文化下一个典型的领导方式，而最近40年来中国经历了独具特色的现代化转型，必然与社会和组织上的创新密不可分；从微观层面看，无论是在组织层面还是个体层面，中国企业的市场竞争力显著增强，员工与组织的创新显著提升，威权领导在其中到底起到何种作用？这也是当前关注的重点。故而，本书将组织中的创新议题分开、打散，从个体和团队两个层次对威权领导与创新之间的关系进行多角度研究，就是试图从微观视角来打开这一困惑学术界已久的“黑箱”。从个体层次看，尚严领导能够促进员工创新行为的产生，而专权领导会抑制员工创新行为的产生，这一结果与王磊和邢志杰（2019）的研究结果相吻合。从团队层次看，尚严领导能够提升团队创造力，而专权领导会抑制团队创造力，且尚严领导能通过正向影响团队创意产生来间接影响团队创意实施，专权领导通过负向影响团队创意产生来间接影响团队创意实施。更为重要的是，本书还探讨了双元威权领导与双元创新之间的关系，发现尚严领导对团队探索式创新存在显著正向影响，但对团队利用式创新不存在显著影响；而专权领导对团队探索式创新有显著负向影响，但对团队利用式创新不存在显著影响，这一发现对傅晓等（2012）的研究形成重要补充。

第三，如何理解威权领导与创新之间的作用机制、认识威权领导的运行逻辑也是打开威权领导影响机制这一“黑箱”的重要问题。以往的学者如王磊和邢志杰（2019）从权力感知的视角分析了双元威权领导与员工创新行为之间的关系，Zhao 等（2022a，2022b）从事件系统理论视角分析了双元威权领导与员工创造力之间的关系，本书则在个体层面采用自我决定理论探讨了控制性工作动机与自主性工作动机在双元威权领导与员工创新行为之间的中介作用。本书发现尚严领导既可以积极影响自主性工作动机，又可以积极影响控制性工作动机，进而促进员工创新行为的产生。同时，在团队层面，本书从团队冲突视角探讨了团队双元威权领导与团队创造力之间的关系，发现尚严领导更多地通过减少团队关系冲突来提升团队创造力，而专权领导既可以通过减少团队任务冲突，也可以通过激发团队关系冲突来降低团队创造力。此外，本书还从创新过程视角探索双元威权领导影响团队创新的作用机制，发现尚严领导通过正向影响团队创意产生来间接影响团队创意实施，专权领导通过负向影响团队创意产生来间接影响团队创意实施。本书通过多个视角、多个层次，全景、立体地展现了双元威权领导与创新之间的复杂作用机制，为威权领导双维阶段的研究提供重要启迪和借鉴。

8.2 讨论

在第3章，本书提出了威权领导的4个研究阶段，重点就双元威权领导与创新之间的关系进行了探讨。为了进一步推进威权领导的研究，本书提出如下讨论，为未来的研究提供参考。

（1）威权领导根源的再探析

郑伯埙和樊景立（2000）在构建家长式领导理论时，对威权领导的文化根源进行探析，从封建帝制、儒家和法家思想等传统文化角度解释了威权领导的成因。在本书看来，威权领导的文化基础值得被进一步研究。

传统家族主义是威权领导重要的文化背景之一，家长权威奠定了威权领导的基础，家族生活中的亲子互动也能为威权领导行为提供解释。西方研究中也有类似观点，如弗洛伊德从成长论视角解释权威型人格的形成时，认为个体能够在孩童时期与父母的互动经验中习得权威型人格。周婉茹（2010）和陈婷婷（2016）立足亲子教养，认为父母威权式的教养风格包含对子女支持和控制的内容，父母的行为是子女学习的主要内容，会对其人格养成与行为表现产生潜移默化的作用。可见亲子教养与威权领导之间有着密不可分的关系，亲子教养的内容众多，如何从亲子教养的角度对威权领导进行解释还需要学者们的深入探讨。

此外，领导行为的目的在于实现下属和组织更高的绩效，华人传统文化中的“师道”也可以为威权领导提供解释。中国自古有“严师出高徒”的说法，师与徒之间是一种上下级关系，师者传道授业，会采用“管教”和“训责”等方式规范学生的行为，学者则尊师重道，也会在耳濡目染中习得这种行为表现。师之法中的“威严之法”与威权领导行为有所类似，师者威于信，严于律：“信而能威，威而能敬，敬而能畏，畏而能严，严师出高徒；律而能严，严而能行，行而能果，果而能成，成人子弟。”师道中存在上下尊卑，但也互相尊重，这可能更加符合现代化背景下威权领导的风格表现。此外，师之法中的“鼓励之法”和“诱导之法”也能够为威权行为提供补充，未来研究可以以此为方向，开展对威权领导新的阐述。

威权领导所包含的内容众多，行为模式的类型丰富，在进一步研究中当尽量厘清威权领导的行为维度，以找寻其更好的文化解释，深入挖掘威权领导埋在华人文化深处的特征，探索其依据不同文化背景呈现的行为模式特征。

（2）概念内涵的现代化重构

当代社会的现代化进程在相当程度上削弱了中国传统观念的基础：在家长权威制度下，传统父子轴的家庭权力结构已经有所减弱，父母丧失了对子女的绝对权威；在对权威的认同上，服从权威不再是一种普遍的价值观。人们选择以理性的态度对曾经广为接受的传统主义进行“扬弃”，即接受有助于适应现代生活的传统价值观，而抛弃其中不适合现代化生活的部分。

随着“服从权威”趋势的减弱，以及家庭观念与社会模式的改变，威权领导的方式也发生了改变。威权领导想要继续存在并发挥可能的有效性，其概念内涵也应当有所修正。学者们对此进行了探索和思考，在已有对威权领导概念内涵的转化中，表现出一种“扬弃”的思想，即对威权领导的内涵进行删减、修改和增加，发展出二维的、全新的构念思路，并展开研究。在本书中，大量的理论与实证分析证明了双元威权领导中尚严领导对员工和团队创新仍然具有重要的积极影响，而专权领导则显示出更多的消极影响。

此外，通过相关梳理我们可以清晰地看到，学者们对威权领导内涵的探索还相当缺乏。无论是在威权领导原有构念名称之下继续进行探索，还是在新思路下展开研究，研究者都应不断反思威权领导的理论基础为何，所受社会变迁影响的内容和水平如何，威权领导的内涵是否得到了准确挖掘，并对威权领导的可能内涵进行区分与归纳，构建符合当代威权领导概念内涵的多维整合框架。

(3) 研究范畴的再拓展

虽然威权领导在中国文化情境之下具有较高的凸显性，但从文化范畴看，威权领导方式事实上同样适用于其他文化群体（Pellegrini 和 Scandura，2008），故而，我们在建构或拓展威权领导理论的时候，如果过于强调其“本土”性，可能会束缚威权领导理论的广度和普适性。因此，本书建议后续在对威权领导进行深入研究和内涵修正时，可以适度参考西方社会情境的内容，进行跨文化研究，以深刻思考孕育威权领导行为的根源，认识威权领导的内涵与发展历程，更好地解释这一领导行为的影响。

(4) 威权领导效用的再认知

以往单维度威权领导的实证研究结果显示出了明显的不一致，本书对双元威权领导的研究虽然在一定程度上厘清了这种不一致，但囿于各种限制，未能对一些可能的机制和关系进行探讨，如非线性关系和动态关系。TMGT理论认为，良好的行为具有隐藏的不良动机，当这种行为过多或处于某些条件下时，会触发其负面影响。双元威权领导水平处于一定范围时，能够规范下属行为，降低不确定性，并发挥其积极的效用，但双元威权领导水平过低时难以发挥效应，过高时则会带来消极的结果。未来可以将这一关系纳入研究，从权变视角探讨双元威权领导。此外，威权领导中上级和下属之间存在互动关系，存在一种“互惠性”并不断循环，威权领导可能会随着上下级关系的发展发生变化，双方的回应也决定了行为之间的动态结果，形成不断升级的螺旋，研究时点的不同，对威权领导效能所做的判断也可能不同，这可能需要进行长期的纵向追踪研究才能得出结论。

（5）研究视角的再探索

理论视角是开展研究的切入点，视角的选择可以帮助学者深入研究威权领导这一现象，而理论基础的变化可能会带来不同的结论。本书虽然从多个视角对威权领导与创新之间的关系进行了探讨，但事实上，仍然可以从更多视角对威权领导进行探索。

目前的研究多寻求于从外部视角解释威权领导在上下级之间的作用机制，本书认为未来的研究可以从“个体心理”的内部视角出发，了解下属依旧能够忍受或接受威权领导的原因为何，了解威权领导的功能，从而更加全面有力地解读威权领导的有效性。领导者展现的威权行为可能具有差异性和动态性，这对领导有效性的影响值得研究。在下属之间的关系方面，下属自我评判的水平会受到第三方个体的影响，第三方所受威权领导的程度和对威权领导的反应，可能会影响下属自身的反应和接受程度。在上下级之间的关系方面，威权领导直接发生于上下级之间，领导–部属之间的匹配或差异也可能影响威权领导的有效性，二者的认知水平和认知异同对结果变量的影响值得研究。

（6）研究层次的再加深

本书虽然从个体层次和团队层次对威权领导和创新的关系进行了深入探讨，但客观来看，目前对于团队层次及组织层次威权领导的研究仍相对匮乏，而威权领导在个体层次的效应如何，难以类推到团队和组织层次。此外，组织作为一个整体，威权领导在其中不同层次发挥作用的过程并不是独立的，组织层次和团队层次的威权领导会通过组织文化和团队氛围等对个体产生间接影响，威权领导在个体层次的作用结果也会对团队和组织层次产生间接影响。未来研究应当从多层次的角度探讨威权领导的作用，开展更多的高层次、跨层次研究，构建起威权领导的多层次模型，更加全面地认识威权领导在组织中的作用机制和有效性。

主要参考文献

[1] 万斯．硅谷钢铁侠：埃隆・马斯克的冒险人生［M］．北京：中信出版集团，2016．

[2] 曹洲涛，李语嫣．员工创新行为缘何不同：成就目标导向对员工创新行为影响的双路径研究［J］．科技进步与对策，2021，38（1）：140-148．

[3] 曾垂凯．家长式领导与部属职涯高原：领导—成员关系的中介作用［J］．管理世界，2011（5）：109-119．

[4] 常涛，刘智强，景保峰．家长式领导与团队创造力：基于三元理论的新发现［J］．研究与发展管理，2016，28（1）：62-72．

[5] 陈驰茵，唐宁玉．团队过程研究十年回顾：2008至2017［J］．中国人力资源开发，2017（12）：47-59．

[6] 陈璐，高昂，杨百寅，等．家长式领导对高层管理团队成员创造力的作用机制研究［J］．管理学报，2013，10（6）：831-838．

[7] 陈璐，杨百寅，井润田．家长式领导对高管团队有效性的影响机制研究：以团队凝聚力为中介变量［J］．管理工程学报，2012，26（1）：13-19．

[8] 陈璐，杨百寅，井润田，等．家长式领导、冲突与高管团队战略决策效果的关系研究［J］．南开管理评论，2010，13（5）：4-11．

[9] 陈倩倩，樊耘，吕霄，等．领导者信息共享行为对员工绩效的影响机制研究——工作投入的中介作用及情感信任的调节作用［J］．预测，2018，37（3）：15-21．

[10] 陈婷婷．规诲式与专断式领导：建立一个综合的威权领导模型［D］．香

港：香港城市大学，2011.

[11] 陈玮奕，刘新梅，张新星．关系冲突认知差异有助于团队创造力——一个被调节的中介作用模型［J］．科学学与科学技术管理，2019（6）：125-139.

[12] 陈永贵，赵鹏，王颖．变革型领导、双元性创新与新创企业成长［J］．华东经济管理，2022，36（2）：41-47.

[13] 仇勇，杨旭华．家长式领导对高校教师工作行为的影响研究——基于任务绩效和组织公民行为的差异视角［J］．复旦教育论坛，2015（6）：62-71.

[14] 董保宝，程松松，张兰．双元创新研究述评及开展中国情境化研究的建议［J］．管理学报，2022，19（2）：308-316.

[15] 窦运来，沈伊默．参与式领导如何影响团队成员的工作表现?——有调节的中介效应［J］．心理与行为研究，2021，19（6）：845-852.

[16] 段锦云，凌斌．中国背景下员工建言行为结构及中庸思维对其的影响［J］．心理学报，2011，43（10）：1185-1197.

[17] 段锦云．家长式领导对员工建言行为的影响：心理安全感的中介机制［J］．管理评论，2012，24（10）：109-116.

[18] 樊景立，郑伯埙．华人组织的家长式领导：一项文化观点的分析［J］．本土心理学研究，2000（13）：127-180.

[19] 樊景立，郑伯埙．家长式领导：再一次思考［J］．本土心理学研究，2000（13）：219-226.

[20] 傅晓，李忆，司有和．家长式领导对创新的影响：一个整合模型［J］．南开管理评论，2012，15（2）：121-127.

[21] 高昂，曲庆，杨百寅，等．家长式领导对团队工作绩效的影响研究——领导才能的潜在调节作用［J］．科学学与科学技术管理，2014，35（1）：100-108.

[22] 管建世，罗瑾琏，钟竞．动态环境下双元领导对团队创造力影响研究——基于团队目标取向视角［J］．科学学与科学技术管理，2016，37（8）：159-169.

[23] 郝宁，汤梦颖．动机对创造力的作用：研究现状与展望［J］．华东师范大学学报（教育科学版），2017，35（4）：107-114.

[24] 侯楠，彭坚．恩威并施、积极执行与工作绩效——探索中国情境下双元领导的有效性［J］．心理学报，2019，51（01）：117-127.

[25] 黄菲雨，王菲．恩威视角下双元领导对员工创新行为的影响［J］．江苏理工学院学报，2022，28（3）：53-62.

[26] 黄旭．战地黄花分外香：对家长式领导研究的质疑与批判［J］．管理学季

刊，2017（4）：33-40．

[27] 黄勇，崔敏，田刘燕．威权领导的两面：专权和尚严领导对工作绩效的差异性影响［J］．上海管理科学，43（3）：6-14．

[28] 简晋龙，黄　莉．华人权威取向之内涵与形成过程［J］．本土心理学研究，2015（43）：55-123．

[29] 晋琳琳，陈宇，奚菁．家长式领导对科研团队创新绩效影响：一项跨层次研究［J］．科研管理，2016（7）：107-116．

[30] 景保峰．威权领导对员工建言行为的影响：一个有中介的调节作用分析［J］．领导科学，2015（4）：50-53．

[31] 鞠芳辉，万松钱．家长型领导行为对民营企业绩效及员工工作态度的影响研究［J］．东北大学学报（社会科学版），2008，10（4）：312-326．

[32] 鞠芳辉，谢子远，宝贡敏．西方与本土：变革型、家长型领导行为对民营企业绩效影响的比较研究［J］．管理世界，2008（5）：85-101．

[33] 康正男．棒球运动教练领导行为之探讨——概念建构与模式分析［J］．体育学报，2005，38（4）：53-68．

[34] 李超平，孟慧，时勘．变革型领导、家长式领导、PM理论与领导有效性关系的比较研究［J］．心理科学，2007，30（6）：1477-1481．

[35] 李珲，丁刚，李新建．基于家长式领导三元理论的领导方式对员工创新行为的影响［J］．管理学报，2014，11（7）：1005-1013．

[36] 凌鸿程，阳镇，陈劲．“破旧立新”还是“推陈出新”？——信任环境下的企业双元创新的重新审视[J/OL]．科学学与科学技术管理，2022 [2022-07-11].https://new.qq.com/rain/a/20221208A03JJV00.

[37] 李其容，李春萱,杨艳宇,等．基于被调节中介模型的团队绩效压力与双元创新的影响研究［J］．管理学报，2022，19（12）：8.

[38] 李锐，田晓明．主管威权领导与下属前瞻行为：一个被中介的调节模型构建与检验［J］．心理学报，2014（11）：1719-1733．

[39] 李艳，孙健敏，焦海涛．分化与整合——家长式领导研究的走向［J］．心理科学进展，2013．21（7）：1294-1306．

[40] 李艳，杨百寅．创意实施——创新研究未来走向［J］．心理科学进展，2016，24（4）：643-653．

[41] 李忆，桂婉璐，刘曜．家长式领导对双元创新的影响：与企业战略匹配［J］．华东经济管理，2014，28（1）：113-118．

[42] 李志勇，李晓庆，徐慧聪，等．家长式领导与亲组织非伦理行为的关系：领导-成员交换的调节作用［J］．心理研究，2019（4）：340-348．

[43] 林春培，庄伯超．家长式领导对管理创新的影响：一个整合模型［J］．科

学学研究，2014，32（4）：622-638．

[44] 林文瑛，王震武．中国父母的教养观：严教观或打骂观？[J]．本土心理学研究，1995（3）：2-92．

[45] 林新奇，栾宇翔，赵锴，等．领导风格与员工创新绩效关系的元分析：基于自我决定视角[J]．心理科学进展，2022，30（4）：781-801．

[46] 林姿葶，姜定宇，萧景鸿，等．家长式领导效能：后设分析研究[J]．本土心理学研究，2014（42）：181-249．

[47] 林姿葶，郑伯埙，周丽芳．家长式领导：回顾与前瞻[J]．本土心理学研究，2014（42）：3-82．

[48] 林姿葶，郑伯埙，周丽芳．家长式领导二十年：问题与解答[J]．本土心理学研究，2014（42）：147-177．

[49] 林姿葶，郑伯埙．华人领导者的嘘寒问暖与提携教育：仁慈领导之双构面模式[J]．本土心理学研究，2012（37）：253-302．

[50] 林姿婷，姜定宇，萧景鸿，等．家长是领导效能：后设分析研究[J]．本土心理学研究，2014（42）：181-249．

[51] 刘冰，齐蕾，徐璐．棍棒之下出"孝子"吗——员工职场偏差行为研究[J]．南开管理评论，2017，20（3）：182-192．

[52] 刘圣明，陈力凡，王思迈．满招损，谦受益：团队沟通视角下谦卑型领导行为对团队创造力的影响[J]．心理学报，2018（10）：1159-1168．

[53] 刘智强，卫利华，周空，等．地位冲突的"双面"特性与团队创新[J]．南开管理评论，2019（4）：176-186．

[54] 龙立荣，毛盼盼，张勇，等．组织支持感中介作用下的家长式领导对员工工作疏离感的影响[J]．管理学报，2014（8）：1150-1157．

[55] 马君，张昊民，杨涛．成就目标导向、团队绩效控制对员工创造力的跨层次影响[J]．心理学报，2015，47（1）：79-92．

[56] 马跃如，段伟．领导越包容，团队越高效?包容性领导对团队绩效的影响机制研究[J]．中国人力资源开发，2018（7）：44-55．

[57] 倪旭东，周琰喆．群体情感基调——团队认知的互补性概念[J]．科技进步与对策，2017，34（3）：152-160．

[58] 樊景立，怀明云．修正工具、对话西方：家长式领导的发展前景[J]．本土心理学研究，2014（42）：109-123．

[59] 潘静洲，娄雅婷，周文霞．龙生龙，凤生凤？领导创新性工作表现对下属创造力的影响[J]．心理学报，2013，45（10）：1147-1162．

[60] 逄晓霞，邹国庆，宋方煜．家长式领导风格与高管团队行为整合的关系[J]．中国流通经济，2012（5）：110-114．

[61] 邱功英，龙立荣. 威权领导与下属建言的关系：一个跨层分析 [J]. 科研管理，2014（10）：86-93.

[62] 任金刚，蔡明彻. 威权教养与威权领导下之顺从行为 [J]. 中国社会心理学会学术研讨会，2006.

[63] 任迎伟，李思雨. 国企背景下家长式领导与员工反生产行为：基于互动公平的中介效应 [J]. 四川大学学报，2016，206（5）：144-152.

[64] 施让龙，蔡依琳，黄良志. 家长式领导下主管认同度与建言积极性的关系 [J]. 企业管理，2016（5）：115-117.

[65] 石冠峰，李琨. 威权领导、仁慈领导对团队创造力——一个有中介的交互效应模型检验 [J]. 贵州财经大学学报，2014（5）：53-61.

[66] 宋嘉艺，张兰霞，张靓婷. 知识型员工工作家庭双向冲突对创新行为的影响机制 [J]. 管理评论，2020（3）：215-225.

[67] 宋锟泰，张正堂，赵李晶. 时间压力对员工双元创新行为的影响机制 [J]. 经济管理，2019，41（5）：72-87.

[68] 苏涛，陈春花，崔小雨，等. 信任之下，其效如何——来自Meta分析的证据 [J]. 南开管理评论，2017，20（4）：179-192.

[69] 苏伟琳，林新奇. 上级发展性反馈对下属创新行为的影响——LMX及创新意愿的链式中介作用 [J]. 华东经济管理，2019，33（1）：129-136.

[70] 孙健敏，陈乐妮，尹奎. 挑战性压力源与员工创新行为：领导-成员交换与辱虐管理的作用 [J]. 心理学报，2018，50（4）：436-449.

[71] 孙健敏，陆欣欣. 伦理型领导的概念界定与测量 [J]. 心理科学进展，2017，25（1）：121-132.

[72] 孙锐，石金涛，张体勤. 中国企业领导成员交换、团队成员交换、组织创新气氛与员工创新行为关系实证研究 [J]. 管理工程学报，2009（4）：109-115.

[73] 孙雨晴，罗文豪. 威权领导效应悖论的成因探究与理论拓展 [J]. 中国人力资源开发，2018，35（3）：84-94.

[74] 田在兰，黄培伦. 基于自我认知理论的家长式领导对建言的影响 [J]. 科研管理，2014，35（10）：150-160.

[75] 涂乙冬，陆欣欣，郭玮，等. 道德型领导者得到了什么？道德型领导、团队平均领导部属交换及领导者收益 [J]. 心理学报，2014，46（9）：1378-1391.

[76] 王丹，宫晶晶. 家长式领导风格对员工安全绩效影响的实证研究 [J]. 世界科技研究与发展，2016，38（3）：670-674.

[77] 王继斌. 威权领导与员工创新行为：海峡两岸跨文化比较研究 [D]. 武

汉：华中科技大学，2012.

[78] 王磊，邢志杰．权力感知视角下的双元威权领导与员工创新行为［J］．管理学报，2019，16（07）：987-996.

[79] 王圣慧，易明，罗瑾琏．双元领导对建言行为的影响：内部动机与外部动机的作用［J］．科学学与科学技术管理，2019（7）：136-150.

[80] 王双龙．华人企业的家长式领导对创新行为的作用路径研究［J］．科研管理，2015，36（7）：105-112.

[81] 王甜，苏涛，陈春花．家长式领导的有效性：来自Meta分析的证据［J］．中国人力资源开发，2017（3）：69-80.

[82] 王唯梁，谢小云．团队创新研究进展述评与重构：二元性视角［J］．外国经济与管理，2015，37（6）：39-49.

[83] 王振华．家长式领导对员工创新行为的影响研究［J］．山东社会科学，2014，224（4）：151-154.

[84] 王震，彭坚．何时“施恩”，何时“树威”?内隐追随理论视角下家长式领导行为的诱发机制［J］．人力资源管理评论，2016（1）：35-47.

[85] 魏蕾，时勘．家长式领导与员工工作投入：心理授权的中介作用［J］．心理与行为研究，2010（8）：88-93.

[86] 吴春波，曹仰锋，周长辉．企业发展过程中的领导风格演变：案例研究［J］．管理世界，2009（2）：123-137.

[87] 吴敏，黄旭，徐玖平，等．交易型领导、变革型领导与家长式领导行为的比较研究［J］．科研管理，2007，28（3）：168-176.

[88] 吴宗佑，廖弘毅．华人威权领导总是导致部属负面结果吗?由不确定管理理论探讨威权领导对分配不公平与程序不公平之交互作用与部属工作满意度之关系的调节效果［J］．中华心理学刊，2013，55（1）：1-22.

[89] 吴宗佑，徐玮伶，郑伯埙．怒不可遏或忍气吞声：华人企业中主管威权领导行为与部属愤怒情绪反应的关系［J］．本土心理学研究，2002（18）：13-50.

[90] 吴宗佑，郑伯埙，周丽芳．主管的威权取向及其对部属顺从与畏惧的知觉对威权领导的预测效果［J］．本土心理学研究，2008（30）：65-115.

[91] 吴宗佑．怒不可遏或忍气吞声：华人企业主管威权领导与部属愤怒反应［J］．本土心理学研究，2002（18）：3-49.

[92] 吴宗佑．除了助长，还需深耕：论“家长式领导”的研究进展［J］．本土心理学研究，2014（42）：125-145.

[93] 吴宗佑．主管威权领导与员工的工作满意度与组织承诺：信任的中介历程与情绪智力的调节效果［J］．本土心理学研究，2008（30）：3-36.

[94] 徐淑英，张志学．管理问题与理论建立：开展中国本土管理研究的策略［J］．南大商学评论，2005（4）：1-18．

[95] 许金田，胡秀华，凌孝綦，等．家长式领导与组织公民行为的关系：上下关系品质之中介效果［J］．交大管理学报，2004，24（2）：119-149．

[96] 许梅枝，张向前．包容型氛围对员工创造力的跨层次影响研究——以知识共享为中介［J］．科技进步与对策，2019（5）：138-144．

[97] 许彦妮，顾琴轩，蒋琬．德行领导对员工创造力和工作绩效的影响：基于LMX理论的实证研究［J］．管理评论，2014，26（2）：139-147．

[98] 阳倩．家长式领导对高管人员管理创新行为的影响——以创新自我效能感为中介变量［D］．成都：西南财经大学，2015．

[99] 杨春江，蔡迎春，侯红旭．心理授权与工作嵌入视角下的变革型领导对下属组织公民行为的影响研究［J］．管理学报，2015（2）：231-239．

[100] 杨国亮，卫海英．家长式领导对组织创新绩效的影响［J］．经济与管理研究2012（7）：91-100．

[101] 杨国亮，卫海英．家长式领导对企业互动导向及创新绩效的影响［J］．软科学，2014，28（9）：50-53．

[102] 杨瑚，蔡雪玲．基于CiteSpace的双元创新研究热点，趋势与理论框架分析[J]．合肥工业大学学报（社会科学版），2022，36（4）：51-60．

[103] 杨五洲，任迎伟，王毓婧．威权领导对员工工作投入的影响：员工情绪智力的调节作用［J］．当代经济科学，2014，36（4）：69-76．

[104] 杨轶清，叶燕华，金杨华．企业家决策权力配置视角下的企业经营失败机制研究——基于大型民企集团倒闭的案例［J］．中国人力资源开发，2016（4）：65-73．

[105] 易明，刘巨钦．威权领导、遵从权威取向对员工沉默行为的影响［J］．中大管理研究，2014，9（3）：131-150．

[106] 于海波，郑晓明，方俐洛，等．如何领导组织学习：家长式领导与组织学习的关系［J］．科研管理，2008，29（5）：180-186．

[107] 于海波，郑晓明，李永瑞．家长式领导对组织学习的作用——基于家长式领导三元理论的观点［J］．管理学报，2009（5）：664-670．

[108] 张剑，郭德俊．内部动机与外部动机的关系［J］．心理科学进展，2003，11（5）：545-550

[109] 张剑，张建兵，李跃，等．促进工作动机的有效路径：自我决定理论的观点［J］．心理科学进展，2010，18（5）：752-759．

[110] 张景焕，刘桂荣，师玮玮，等．动机的激发与小学生创造思维的关系：自主性动机的中介作用［J］．心理学报，2014，43（10）：1138-1150．

[111] 张兰霞，孙琪恒．双元威权领导对员工建言行为的影响机制研究［J］．预测，2020，39（6）：7．

[112] 张敏，张一力，凡培培．企业家“主我”认知与“宾我”认知的博弈：对双元创新路径的认知新解［J］．外国经济与管理，2016，38（2）：3-15．

[113] 张鹏程，刘文兴，卫武．家长式领导对成员知识活动的影响机理［J］．管理科学，2010，23（2）：77-85．

[114] 张瑞平，杨帅，李庆安．仁慈型领导研究评述［J］．心理科学进展，2013，21（7）：1307-1316．

[115] 张新安，何惠，顾峰．家长式领导行为对团队绩效的影响：团队冲突管理方式的中介作用［J］．管理世界，2009（3）：121-133．

[116] 张新安，何惠，顾锋．家长式领导行为对团队绩效的影响：团队冲突管理方式的中介作用［J］．管理世界，2009（3）：121-133．

[117] 张亚军，张金隆，张千帆，等．威权与授权领导对员工隐性知识共享的影响研究［J］．管理评论，2015（9）：130-139．

[118] 张燕，怀明玉．威权式领导行为对下属组织公民行为的影响研究——下属权力距离的调节作用［J］．组织行为与人力资源管理，2012，24（11）：97-105．

[119] 张永军，张鹏程，赵君．家长式领导对员工亲组织非伦理行为的影响：基于传统性的调节效应［J］．南开管理评论，2017，20（2）：169-179．

[120] 张永军．伦理型领导与员工反生产行为：领导信任、领导认同与传统性的作用［J］．管理评论，2017，29（2）：106-115．

[121] 张勇，刘海全，王明旋，等．挑战性压力和阻断性压力对员工创造力的影响：自我效能的中介效应与组织公平的调节效应［J］．心理学报，2018，50（4）：450-461．

[122] 张韫黎，陆昌勤．挑战性—阻断性压力（源）与员工心理和行为的关系：自我效能感的调节作用［J］．心理学报，2009，41（6）：501-509．

[123] 张志学．组织心理学研究的情境化及多层次理论［J］．心理学报，2010，42（1）：10-21．

[124] 章凯，吴志豪，陈黎梅．领导与权力分界视野下威权领导本质的探索研究［J］．管理学报，2022，19（2）：187-196．

[125] 赵红丹，江苇．双元领导如何影响员工职业生涯成功?——一个被调节的中介作用模型［J］．外国经济与管理，2018（1）：93-106．

[126] 赵宏超，于砚文，王玉珏，等．共享型领导如何影响新生代员工建言?——积极互惠与责任知觉的作用［J］．中国人力资源开发，2018，(3)：29-40．

[127] 赵燕梅，张正堂，刘宁，等．自我决定理论的新发展述评［J］．管理学报，

2016，13（7）：1095-1104.

[128] 郑伯埙，林姿葶，郑弘岳，等．家长式领导与部属效能：多层次分析观点[J]．中华心理学刊，2010，52（1）：1-23.

[129] 郑伯埙，周丽芳，樊景立．家长式领导：三元模式的建构与测量［J］．本土心理学研究，2000，（14）：3-64.

[130] 郑伯埙，黄敏萍．华人企业组织中的领导：一项文化价值的分析［J］．中山管理评论，2000，8（4）：583-617.

[131] 周浩，龙立荣．家长式领导与组织公正感的关系［J］．心理学报，2007，39（5）：909-917.

[132] 周浩．家长式领导对下属进谏行为的影响：基于关系的视角［J］．四川大学学报（哲学社会科学版），2014，193（4）：139-148.

[133] 周金帆，张光磊．绿色人力资源管理实践对员工绿色行为的影响机制研究——基于自我决定理论的视角［J］．中国人力资源开发，2018（7）：20-30.

[134] 周明建，潘海波，任际范．团队冲突和团队创造力的关系研究：团队效能的中介效应［J］．管理评论，2014（12）：120-130.

[135] 周婉茹，郑伯埙，连玉辉．威权领导：概念源起、现况检讨及未来方向［J］．中华心理学刊，2014．56（2）：165-189.

[136] 周婉茹，郑伯埙．掀开神秘的面纱：双向度威权领导与工作绩效的中介效果［J］．中华心理学刊，2014：1-18.

[137] 周婉茹，周丽芳，郑伯埙，等．专权与尚严之辨：再探威权领导的内涵与恩威并济的效果［J］．本土心理学研究，2010，（34）：223-284.

[138] 朱桂龙，温敏瑢．从创意产生到创意实施：创意研究评述[J]．科学学与科学技术管理，2020（5）：69-88.

[139] 朱桂龙，温敏瑢，王萧萧．从创意产生到创意采纳：员工创意过程分析框架构建［J］．外国经济与管理，2021，43（4）：123-135.

[140] 朱海腾．军事团队中的双元威权领导对工作绩效的差异化效果：被调节的中介模型［J］．心理技术与应用，2021，9（7）：14.

[141] 朱晴，赵英杰．绩效目标导向对员工创造力的影响机理研究——基于领导支持的调节作用［J］．安徽工业大学学报（社会科学版），2021（6）：30-35.

[142] 朱云鹃，丁国栋．威权领导一定会抑制员工建言行为吗？——兼论职业使命感的中介作用［J］．西南石油大学学报（社会科学版），2020，22（2）：27-35.

[143] AGUINIS H，DALTON D R，BOSCO F A，et al．Meta-analytic choices

and judgment calls: Implications for theory building and testing, obtained effect sizes, and scholarly impact [J]. Journal of Management, 2011, 37 (1): 5-38.

[144] AIKEN L S, WEST S G, RENO R R. Multiple regression: testing and interpreting interactions [M]. London:Sage Publications,1991.

[145] AMABILE T M. A model of creativity and innovation in organizations [J]. Research in Organizational Behavior, 1988, 10 (10): 123-167.

[146] AMABILE T M. Creativity in context [M]. Boulder, CO: Westview Press, 1996.

[147] AMABILE T M, SCHATZEL E A, MONETA G B, et al. Leader behaviors and the work environment for creativity: Perceived leader support [J]. The Leadership Quarterly, 2004, 15 (1): 5-32.

[148] ANDERSON N, POTOCNIK K, ZHOU J. Innovation and creativity in organizations: A state-of-the-science review, prospective commentary, and guiding framework [J]. Journal of Management, 2014, 40 (5): 1297-1333.

[149] ARMSTRONG S M, SCHLOSSER F. Perceived organizational membership and the retention of older workers [J]. Journal of Organizational Behavior, 2011, 32 (2): 319-344.

[150] ARNOLD J A, ARAD S, RHOADES J A, et al. The empowering leadership questionnaire: The construction and validation of a new scale for measuring leader behaviors [J]. Journal of Organizational Behavior, 2000, 21 (3): 249.

[151] ARYEE S, CHEN Z, SUN L, et al. Antecedents and outcomes of abusive supervision: Test of a trickle-down model [J]. Journal of Applied Psychology, 2007, 92 (1): 191-201.

[152] AXTELL C M, HOLMAN D J, UNSWORTH K L, et al. Shopfloor innovation: Facilitating the suggestion and implementation of ideas [J]. Journal of Occupational and Organizational Psychology, 2000, 73 (3): 265-285.

[153] BABALOLA M T, GARBA O A, GUO L, et al. Motivated by fear and emotionally drained: Examining the link between authoritarian leadership and employee creativity [J]. Journal of Business Research, under 2nd review, 2017.

[154] BAER M. Putting creativity to work: The implementation of creative

ideas in organizations [J]. Academy of Management Journal, 2012, 55 (5): 1102-1119.

[155] BARCZAK G, LASSK F, MULKI J. Antecedents of team creativity: An examination of team emotional intelligence, team trust and collaborative culture [J]. Creativity and Innovation Management, 2010, 19 (4): 332-345.

[156] BARSADE S G, KNIGHT A P. Group affect [J]. Annual Review of Organizational Psychology and Organizational Behavior, 2015, 2 (1): 21-46.

[157] BATTISTELLI A, GALLETTA M, PORTOGHESE I, et al. Mindsets of commitment and motivation: Interrelationships and contribution to work outcomes [J]. Journal of Psychology, 2013, 147 (1): 17-48.

[158] BENNER M J, TUSHMAN M L. Exploitation, exploration, and process management: The productivity dilemma revisited [J]. Academy of Management Review, 2003, 28 (2): 238-256.

[159] BETTENCOURT L A. Change-oriented organizational citizenship behaviors: The direct and moderating influence of goal orientation [J]. Journal of Retailing, 2004, 80 (3): 165-180.

[160] BIDEE J, VANTILBORGH T, PEPERMANS R, et al. Autonomous motivation stimulates volunteers' work effort: A self-determination theory approach to volunteerism [J]. Voluntas, 2013, 24 (1): 32-47.

[161] BLAU P M. Exchange and power in social life [M]. New York: Wiley, 1964.

[162] BLIESE P D. Within-group agreement, non-independence and reliability: Implications for data aggregation and analysis [M] //KLEIN K J, KOZLOWSKI, W S. Multilevel theory, research and methods in organizations. San Francisco: Jossey-Bass, 2000.

[163] BOND M H, SMITH P B. Cross-cultural social and organizational psychology [J]. Annual Review of Psychology, 1996, 47 (1): 205-235.

[164] BORMAN W C, MOTOWIDLO S J. Expanding the criterion domain to include elements of contextual performance [M] //SCHMITT N, BORMAN W C. Personnel selection in organization. San Francisco: Jossey-Bass, 1993: 71-98.

[165] BURNS W A. A descriptive literature review of harmful leadership styles: Definitions, commonalities, measurements, negative Impacts, and ways to improve these harmful leadership styles [J]. Creighton Journal of Interdisciplinary Leadership, 2017, 3 (1): 33-52.

[166] BYRON K, KHAZANCHI S. Rewards' relationship to creativity, innovation, and entrepreneurship [M] //CHRISTINA E, SHALLEY, MICHAEL A, et al. The oxford handbook of creativity, innovation, and entrepreneurship. New York: Oxford University Press, 2015: 47-60.

[167] CACHON G P, LARIVIERE M A. Supply chain coordination with revenue-sharing contracts: Strengths and limitations [J]. Management Science, 2005, 51 (1): 30-44.

[168] CAVANAUGH M A, BOSWELL W R, ROEHLING M V, et al. An empirical examination of self-reported work stress among U.S. managers [J]. Journal of Applied Psychology, 2000, 85 (1): 65-74.

[169] ČERNE M, JAKLIČ M, ŠKERLAVAJ M. Authentic leadership, creativity, and innovation: A multilevel perspective [J]. Leadership, 2013, 9 (1): 63-85.

[170] ČERNE M, BATISTIČ S, KENDA R. HR systems, attachment styles with leaders, and the creativity-innovation nexus [J]. Human Resource Management Review, 2018 (3): 271-288.

[171] CHAN S C H, HUANG X, SNAPE E, et al. The Janus face of paternalistic leaders: Authoritarianism, benevolence, subordinates' organization-based self-esteem, and performance [J]. Journal of Organizational Behavior, 2013, 34 (1): 108-128.

[172] CHAN S C H, MAK W M. Benevolent leadership and follower performance: The mediating role of leader-member exchange (LMX) [J]. Asia Pacific Journal of Management, 2012, 29 (2): 285-301.

[173] CHAN S C H. Paternalistic leadership and employee voice: Does information sharing matter [J]. Human Relations, 2014, 67 (6): 667-693.

[174] CHAO R K. Beyond parental control and authoritarian parenting style: Understanding Chinese parenting through the cultural notion of training [J]. Child Development, 1994, 65 (4): 1111-1119.

[175] CHARNESS G, MASCLET D, VILLEVAL M C. The dark side of competition for status [J]. Management Science, 2014, 60 (1):

38-55.

[176] CHEN C C, FARH J L. Developments in understanding Chinese leadership: Paternalism and its elaborations, moderations, and alternatives [M] //BOND M H. Oxford handbook of chinese psychology. New York: Oxford University Press, 2010: 599-622.

[177] CHEN G, FARH J L, CAMPBELL-BUSH E M, et al. Teams as innovative systems: Multilevel motivational antecedents of innovation in R&D teams [J]. Journal of Applied Psychology, 2013, 98 (6): 1018-1027.

[178] CHEN L, YANG B Y, JING R T. Paternalistic leadership, team conflict, and TMT decision effectiveness: Interactions in the Chinese context (Article) [J]. Management and Organization Review, 2015, 11 (4): 739-762.

[179] CHEN L D, WADEI K A, BAI S J, et al. Participative leadership and employee creativity: A sequential mediation model of psychological safety and creative process engagement [J]. Leadership & Organization Development Journal, 2020, 41 (6): 741-759.

[180] CHEN T. Structuring versus autocraticness: Exploring a comprehensive model of authoritarian leadership [D]. HongKong: City University of HongKong, 2011.

[181] CHEN T T, LI F L, LEUNG K. Whipping into shape: Construct definition, measurement, and validation of directive-achieving leadership in Chinese culture [J]. Asia Pacific Journal of Management, 2017, 34 (3): 537-563.

[182] CHEN X P, EBERLY M B, CHIANG T J, et al. Affective trust in chinese leaders: Linking paternalistic leadership to employee performance [J]. Journal of Management, 2014, 40 (3): 796-819.

[183] CHEN Z X, TSUI A S, FARH J L. Loyalty to supervisor vs. organizational commitment: Relationships to employee performance in China [J]. Journal of Occupational & Organizational Psychology, 2002, 75 (3): 339-356.

[184] CHEN Z J, SONG M M, JIA L, et al. How authoritarian leadership and renqing orientation improve tacit knowledge sharing [J]. Hawaii International Conference on System Sciences, 2017: 4475-4484.

[185] CHENG B S, CHOU L F, HUANG M P, et al. Paternalistic leadership

and subordinate responses: Establishing a leadership model in Chinese organizations [J]. Asian Journal of Social Psychology, 2004, 7 (1): 89-117.

[186] CHENG B S, CHOU L F, WU T Y, et al. Paternalistic leadership and subordinate responses: Establishing a leadership model in Chinese organizations [J]. Asian Journal of Social Psychology, 2004, 7 (1): 89-117.

[187] CHENG B S, HUANG M P, CHOU L F. Paternalistic leadership and its effectiveness: Evidence from Chinese organizational teams [J]. Journal of Psychology in Chinese Societies (Hong Kong), 2002 (3): 85-112.

[188] CHENG M Y, WANG L. The mediating effect of ethical climate on the relationship between paternalistic leadership and team identification: A team-level analysis in the chinese context [J]. Journal of Business Ethics, 2015, 129 (3): 639-654.

[189] CHIANG T J. Two faces of a control freak: Decomposing authoritarian leadership and its effects on work unit effectiveness [D]. Seattle: University Of Washington, 2012.

[190] CHOU L F, CHENG B S, JEN C K. The contingent model of paternalistic leadership: Subordinate dependence and leader competence: Academy of Management 2005 Annual Meeting [C]. [S. L:s.n.], 2005.

[191] CHOU W J, CHENG B S. Opening the black box: A two-dimensional model of authoritarian leadership and task performance [J]. Chinese Journal of Psychology, 2014, 56 (4): 397-414.

[192] CLEGG C, UNSWORTH K, EPITROPAKI O, et al. Implicating trust in the innovation process [J]. Journal of Occupational and Organizational Psychology, 2002, 75 (4): 409-422.

[293] COLLINS A L, LAWRENCE S A, TROTH A C, et al. Group affective tone: A review and future research directions [J]. Journal of Organizational Behavior, 2013, 34: S43-S62.

[294] COLQUITT J A. On the dimensionality of organizational justice: A construct validation of a measure [J]. Journal of Applied Psychology, 2001, 86 (3): 386-400.

[295] COX J, YUN S, SIMS H P. The forgotten follower: A contingency

model of leadership and follower self-leadership [J]. Journal of Managerial Psychology, 2006, 21 (4): 374-388.

[296] DANIELS K, WIMALASIRI V, CHEYNE A, et al. Linking the demands-control-support model to innovation: The moderating role of personal initiative on the generation and implementation of ideas [J]. Journal of Occupational & Organizational Psychology, 2011, 84 (3): 581-598.

[197] DASBOROUGH M T, ASHKANASY N M. Emotion and attribution of intentionality in leader-member relationships [J]. The Leadership Quarterly, 2002, 13 (5): 615-634.

[198] DECI E L, RYAN R M. A motivational approach to self: Integration in personality [J]. Nebraska Symposium on Motivation: Perspectives on motivation, 1990, 38: 237-288.

[199] DECI E L, CONNELL J P, RYAN R M. Self-determination in a work organization [J]. Journal of Applied Psychology, 1989, 74 (4): 580-590.

[200] DECI E L, RYAN R M. The general causality orientations scale: Self-determination in personality [J]. Journal of Research in Personality, 1985, 19 (2): 109-134.

[201] DECI E L, RYAN R M. Self-determination theory: A macrotheory of human motivation, development, and health [J]. Canadian Psychology, 2008, 49 (3): 182-185.

[202] DERUE D S, NAHRGANG J D, WELLMAN N, et al. Trait and behavioral theories of leadership: A meta-analytic test of their relative validity [J]. Personnel Psychology, 2011, 64 (1): 7-52.

[203] DREU D. When too little or too much hurts: Evidence for a curvilinear relationship between task conflict and innovation in teams [J]. Journal of Management, 2006, 32 (1): 83-107.

[204] DRUCKER P F. Managing in turbulent times [M]. New York: Harper & Row, 1980.

[205] DWECK C S, LEGGETT E L. A social-cognitive approach to motivation and personality [J]. Psychological Review, 1988, 95 (2): 256-273.

[206] DYNE L V, LEPINE J A. Helping and voice extra-role behaviors: Evidence of construct and predictive validity [J]. Academy of Management Journal, 1998, 41 (1): 108-119.

[207] EBERLY M B, FONG C T. Leading via the heart and mind: The roles of

leader and follower emotions, attributions and interdependence [J]. Leadership Quarterly, 2013, 24 (5): 696-711.

[208] EDWARDS M R, PECCEI R. Perceived organizational support, organizational identification, and employee outcomes: Testing a simultaneous multifoci model [J]. Journal of Personnel Psychology, 2010, 9 (1): 17-26.

[209] EKIN K, PELLEGRINI, TERRI A. Paternalistic leadership: A review and agenda for future research [J]. Journal of Management, 2008, 34 (3): 566-593.

[210] ELLIOT A J, HARACKIEWICZ J M. Approach and avoidance achievement goals and intrinsic motivation: A mediational analysis [J]. Journal of Personality and Social Psychology, 1996, 70 (3): 461-475.

[211] ELLIOTT E S, DWECK C S. Goals: An approach to motivation and achievement [J]. Journal of Personality & Social Psychology, 1988, 54 (1): 5-12.

[212] ERBEN G S, GÜNEŞER A B. The relationship between paternalistic leadership and organizational commitment: Investigating the role of climate regarding ethics [J]. Journal of Business Ethics, 2008, 82 (4): 955-968.

[213] ERSOY N C, BORN M P, DEROUS E. The effect of cultural orientation and leadership style on self-versus other-oriented organizational citizenship behavior in turkey and the netherlands [J]. Asian Journal of Social Psychology, 2012, 15 (4): 249-260.

[214] FARH J L, CHENG B S. A culture analysis of paternalistic leadership in Chinese organizations [M] //LI J T, TSUI A S, WELDON E. Management and organizations in the Chinese context. London: Macmillan, 2000: 84-127.

[215] FARH J L, CHENG B S, CHOU L F, et al. Authority and benevolence: Employees' responses to paternalistic leadership in China [M] //TSUI A S, BIAN Y J, CHENG L. China's domestic private firms: Multidisciplinary perspectives on management and performance. New York: M. E. Sharpe, 2006: 230-260.

[216] FARH J L, LIANG J, CHOU L F, et al. Paternalistic leadership in Chinese organizations: Research progress and future research directions [M] //CHAO C C, LEE Y T. Leadership & management in China:

Philosophies theories & practices. UK: Cambridge University Press, 2008: 171-205.

[217] FARH J L, LIN S C. Impetus for action: A cultural analysis of justice and organizational citizenship behavior in Chinese society [J]. Administrative Science Quarterly, 1997, 42 (3): 421-444.

[218] FARH J L, LIANG J, CHOU L F, et al. Paternalistic leadership in Chinese organizations: Research progress and future research directions [M] //Leadership & management in China: philosophies theories & practices. UK: Cambridge University Press, 2008: 171-205.

[219] FARRELL J B, FLOOD P C, SARAH M C, et al. CEO leadership, top team trust and the combination and exchange of information [J]. Irish Journal of Management, 2005, 26 (1): 22-40.

[220] FAY D, SONNENTAG S. Rethinking the effects of stressors: A longitudinal study on personal initiative [J]. Journal of Occupational Health Psychology, 2002, 7 (3): 221-234.

[221] FERRIS D L, BROWN D J, LIAN H, et al. When does self-esteem relate to deviant behavior? The role of contingencies of self-worth [J]. Journal of Applied Psychology, 2009, 94 (5): 1345-1353.

[222] GAGNÉ M, DECI E L. Self-determination theory and work motivation [J]. Journal of Organizational Behavior, 2005, 26 (4): 331-362.

[223] GAGNÉ M, FOREST J, GILBERT M, et al. The motivation at work scale: Validation evidence in two languages [J]. Educational and Psychological Measurement, 2010, 70 (4): 628-646.

[224] GAGNÉ M, FOREST J, VANSTEENKISTE M, et al. The multidimensional work motivation scale: Validation evidence in seven languages and nine countries [J]. European Journal of Work and Organizational Psychology, 2015, 24 (2): 178-196.

[225] GEORGE J M, KING E B. Potential pitfalls of affect convergence in groups: Functions and dysfunctions of group affective tone [M] // MANNIX E A, NEALE M A, ANDERSON C P. Research on managing groups and teams. San Diego: Elsevier JAI, 2007: 97-123.

[226] GEORGE J M. Dual tuning: A minimum condition for understanding affect in organizations? [J]. Organizational Psychology Review, 2011, 1 (2): 147-164.

[227] GEORGE J M, ZHOU J. Understanding when bad moods foster

creativity and good ones don't: The role of context and clarity of feelings [J]. Journal of Applied Psychology, 2002, 87 (4): 687-697.

[228] GEORGE J M, ZHOU J. Dual tuning in a supportive context: Joint contributions of positive mood, negative mood, and supervisory behaviors to employee creativity [J]. Academy of Management Journal, 2007, 50 (3): 605-622.

[229] GIBSON C B, BIRKINSHAW J. The antecedents, consequences, and mediating role of organizational ambidexterity [J]. Academy of Management Journal, 2004, 47 (2): 209-226.

[230] GIST M E, MITCHELL T R. Self-efficacy: A theoretical analysis of its determinants and malleability [J]. The Academy of Management Review, 1992, 17 (2): 183-211.

[231] GONCALO J A, DUGUID M M. Follow the crowd in a new direction: When conformity pressure facilitates group creativity (and when it does not) [J]. Organizational Behavior and Human Decision Processes, 2012, 118 (1): 14-23.

[232] GONG Y P, CHANG S, CHEUNG S Y. High performance work system and collective OCB: A collective social exchange perspective [J]. Human Resource Management Journal, 2010, 20 (2): 119-137.

[233] GONG Y P, WU J F, SONG L J, et al. Dual tuning in creative processes: Joint contributions of intrinsic and extrinsic motivational orientations [J]. Journal of Applied Psychology, 2017, 102 (5): 829-844.

[234] GREENBERG J, EDWARDS M S. Voice and silence in organizations [M]. Bingley: Emerald Group Publishing, 2009.

[235] GRIFFIN M A, NEAL A, PARKER S K. A new model of work role performance: Positive behavior in uncertain and interdependent contexts [J]. Academy of Management Journal, 2007, 50 (2): 327-347.

[236] GRIFFITH J A, ANDERSON H J, BAUR J E, et al. What works for you may not work for (Gen) Me: Limitations of present leadership theories for the new generation [J]. The Leadership Quarterly, 2017, 28 (1): 245-260.

[237] GRIJALVA E, HARMS P D. Narcissism: An integrative synthesis and dominance complementarity model [J]. Academy of Management

Perspectives, 2014, 28 (2): 108-127.

[238] GRUENFELD D H, THOMAS-HUNT M C, KIM P H. Cognitive flexibility, information exchange strategy, and integrative complexity in groups: Public versus private reactions to majority and minority status [J]. Journal of Experimental Social Psychology, 1998, 34 (2): 202-226.

[239] GU Q, HEMPEL P S, YU M. Tough love and creativity: How authoritarian leadership tempered by benevolence or morality influences employee creativity [J]. British Journal of Management, 2019, 31 (2): 305-324.

[240] GUTNICK D, WALTER F, NIJSTAD B A, et al. Creative performance under pressure: An integrative conceptual framework [J]. Organizational Psychology Review, 2012, 2 (3): 189-207.

[241] HAMMOND M M, NEFF N L, FARR J L, et al. Predictors of individual-level innovation at work: A meta-analysis [J]. Psychology of Aesthetics, Creativity, and the Arts, 2011, 5 (1): 90-105.

[242] HARMS P D, WOOD D, LANDAY K, et al. Autocratic leaders and authoritarian followers revisited: A review and agenda for the future [J]. The Leadership Quarterly, 2018, 29 (2): 105-122.

[243] HEIDER E. The psychology of interpersonal relations [M]. New York: Wiley, 1958.

[244] HENNESSEY B A. Self-determination theory and the social psychology of creativity [J]. Psychological Inquiry, 2000, 11 (4): 293-298.

[245] HING S, RAMONA B D, ZANNA M P, et al. Authoritarian dynamics and unethical decision making: High social dominance orientation leaders and high right-wing authoritarianism followers [J]. Journal of Personality & Social Psychology, 2007, 92 (1): 67-81.

[246] HIRST G, ZHOU J, VAN KNIPPENBERG D. A cross-level perspective on employee creativity: Goal orientation, team learning behavior, and individual creativity [J]. Academy of Management Journal, 2009, 52 (2): 280-293.

[247] HIRT E R, LEVINE G M, MCDONALD H E, et al. The role of mood in quantitative and qualitative aspects of performance: Single or multiple mechanisms? [J]. Journal of Experimental Social Psychology, 1997, 30 (6): 602-629.

[248] HOWELL J M, HIGGINS C A. Champions of technological innovation [J]. Administrative Science Quarterly, 1990, 35 (6): 317-341.

[249] HUANG X, XU E, CHIU W, et al. When authoritarian leaders outperform transformational leaders: Firm performance in a harsh economic environment [J]. Academy of Management Discoveries, 2015, 1 (2): 180-200.

[250] HUNTER J E, SCHMIDT F. Methods of meta-analysis: Correcting error and bias in research findings (2nd ed.) [M]. Thousand Oaks: CA: Sage, 2004.

[251] JANSSEN O. Job demands, perceptions of effort—reward fairness and innovative work behaviour [J]. Journal of Occupational & Organizational Psychology, 2000, 73 (3): 287-302.

[252] JEHN K A. A multimethod examination of the benefits and detriments of intragroup conflict [J]. Administrative Science Quarterly, 1995: 256-282.

[253] JEHN K A, MANNIX E A. The dynamic nature of conflict: A longitudinal study of intragroup conflict and group performance [J]. Academy of Management Journal, 2001, 44 (2): 238-251.

[254] JEHN K A, NORTHCRAFT G B, NEALE M A. Why differences make a difference: A field study of diversity, conflict and performance in workgroups [J]. Administrative Science Quarterly, 1999, 44 (4): 741-763.

[255] JIANG Y, CHEN C C. Integrating Knowledge Activities for Team Innovation: Effects of Transformational Leadership [J]. Journal of Management, 2018, 44 (5): 1819-1847.

[256] KARK R, SHAMIR B, CHEN G. The two faces of transformational leadership: Empowerment and dependency [J]. Journal of Applied Psychology, 2003, 88 (2): 246-255.

[257] KELTNER D, GRUENFELD D H, ANDERSON C. Power, approach, and inhibition [J]. Psychological Review, 2003, 110 (2): 265-284.

[258] KICKUL J, GUNDRY L K. Breaking through boundaries for organizational innovation: new managerial roles and practices in e-commerce firms [J]. Journal of Management, 2001, 27 (3): 347-361.

[259] KOHN A. The Brighter Side of Human Nature: Altruism and Empathy in

Everyday Life [M]. New York: Basic Books, 1990.

[260] LAZARUS R S, FOLKMAN S. Stress, appraisal, and coping [M]. New York: Springer Publishing Company, 1984.

[261] LEE A, WILLIS S, TIAN A W. Empowering leadership: A meta-analytic examination of incremental contribution, mediation, and moderation [J]. Journal of Organizational Behavior, 2018, 39 (3): 306-325.

[262] LEPINE J A, PICCOLO R F, JACKSON C L, et al. A meta-analysis of teamwork processes: tests of a multidimensional model and relationships with team effectiveness criteria [J]. Personnel Psychology, 2008, 61 (2): 273-307.

[263] LEPINE J A, PODSAKOFF N P, LEPINE M A. A meta-analytic test of the challenge stressor-hindrance stressor framework: An explanation for inconsistent relationships among stressors and performance [J]. Academy of Management Journal, 2005, 48 (5): 764-775.

[264] LEPINE M A, ZHANG Y, CRAWFORD E R, et al. Turning their pain to gain: Charismatic leader influence on follower stress appraisal and job performance [J]. Academy of Management Journal, 2016, 59 (3): 1036-1059.

[265] LEVITT T. Creativity is not enough [J]. Harvard Business Review, 2002, 80: 137-144.

[266] LI C, WU K, JOHNSON D E, et al. Moral leadership and psychological empowerment in China [J]. Journal of Managerial Psychology, 2012, 27 (1): 90-108.

[267] LI G, RUBENSTEIN A L, LIN W, et al. The curvilinear effect of benevolent leadership on team performance: The mediating role of team action processes and the moderating role of team commitment [J]. Personnel Psychology, 2018, 71 (3): 369-397.

[268] LI X, XU Z, MEN. The transmission mechanism of idea generation on idea implementation: Team knowledge territoriality perspective [J]. Journal of Knowledge Management, 2021, 25: 1508-1525.

[269] LI, Y, Fu F, Ma L. Fostering team-level idea implementation: Leader' s upward exchange relationship as a key facilitator [J]. British Journal of Management, 2022, 33: 519-535.

[270] LI Y, SUN J-M. Traditional Chinese leadership and employee voice

behavior: A cross-level examination [J]. The Leadership Quarterly, 2015, 26 (2): 172-189.

[271] LIANG J, FARH L J. Promotive and prohibitive voice behavior in organizations: A two-wave longitudinal examination: International Association for Chinese Management Research [C]. Guangzhou: [s.n.], 2008.

[272] LIN TZUTING, JIANG DINGYU, CHINGHUNG, H. A meta-analysis on paternalistic leadership's effectiveness [M] //BOR-SHIUAN C. Indigenous Psychological Research in Chinese Societies, 2014: 181-249.

[273] LIN X, LEUNG K. What signals does procedural justice climate convey? The roles of group status, and organizational benevolence and integrity [J]. Journal of Organizational Behavior, 2014, 35 (4): 464-488.

[274] LITTLE L M, GOOTY J, WILLIAMS M. The role of leader emotion management in leader-member exchange and follower outcomes [J]. The Leadership Quarterly, 2016, 27 (1): 85-97.

[275] LIU D, LIAO H, LOI R. The dark side of leadership: A three-level investigation of the cascading effect of abusive supervision on employee creativity [J]. Academy of Management Journal, 2012, 55 (5): 1187-1212.

[276] LIU W, ZHU R, YANG Y. I warn you because I like you: Voice behavior, employee identifications, and transformational leadership [J]. The Leadership Quarterly, 2010, 21 (1): 189-202.

[277] LORD R G, BROWN D J, HARVEY J L, et al. Contextual constraints on prototype generation and their multilevel consequences for leadership perceptions [J]. The Leadership Quarterly, 2001, 12 (3): 311-338.

[278] LUBATKIN M H, SIMSEK Z, LING Y, et al. Ambidexterity and performance in small-to medium-sized firms: The pivotal role of top management team behavioral integration [J]. Journal of Management, 2006, 32 (5): 646-672.

[279] MALTARICH M A, KUKENBERGER M, REILLY G, et al. Conflict in teams: Modeling early and late conflict states and the interactive effects of conflict processes [J]. Group & Organization Management, 2018, 43 (1): 6-37.

[280] MARCH J G. Exploration and exploitation in organizational learning[J].

Organization Science，1991，2（1）：71-87.

[281] MARTA S，LERITZ L E，MUMFORD M D. Leadership skills and the group performance：Situational demands，behavioral requirements，and planning［J］. The Leadership Quarterly，2005，16（1）：97-120.

[282] MARTINKO M J，GARDNER W L. The leader/member attribution process［J］. Academy of Management Review，1987，12（2）：235-249.

[283] MARTINKO M J，HARVEY P，DASBOROUGH M T. Attribution theory in the organizational sciences：A case of unrealized potential［J］. Journal of Organizational Behavior，2011，32（1）：144-149.

[284] MARTINKO M J，HARVEY P，DOUGLAS S C. The role，function，and contribution of attribution theory to leadership：A review［J］. The Leadership Quarterly，2007，18（6）：561-585.

[285] MATHIEU J，FARR J. Further evidence for the discriminant validity of measures of organizational commitment，job involvement，and job satisfaction［J］. Journal of Applied Psychology，1991，76（1）：127-133.

[286] MEHTA A，FEILD H，ARMENAKIS A，et al. Team goal orientation and team performance：The mediating role of team planning［J］. Journal of Management，2009，35（4）：1026-1046.

[287] MEYER J P，ALLEN N J，SMITH C A. Commitment to organizations and occupations：Extension and test of a three-component conceptualization［J］. Journal of Applied Psychology，1993，78（4）：538-551.

[288] MEYER J P，SRINIVAS E S，LAL J B，et al. Employee commitment and support for an organizational change：Test of the three-component model in two cultures［J］. Journal of Occupational and Organizational Psychology，2007，80（2）：185-211.

[289] MIRON-SPEKTOR E，EREZ M，NAVEH E. The effect of conformist and attentive-to-detail members on team innovation：Reconciling the innovation paradox［J］. Academy of Management Journal，2011，54（4）：740-760.

[290] MOLM L D，TAKAHASHI N，PETERSON G. Risk and trust in social exchange：An experimental test of a classical proposition［J］. American Journal of Sociology，2000，105（5）：1396-1427.

[291] MOM T J, CHANG Y Y, CHOLAKOVA M, et al. A multilevel integrated framework of firm HR practices, individual ambidexterity, and organizational ambidexterity [J]. Journal of Management, 2019, 45 (7): 3009-3034.

[292] MORRISON E W. Employee voice and silence [J]. Annual Review of Organizational Psychology and Organizational Behavior, 2014, 1 (1): 173-197.

[293] NING H, ZHOU M, QIANG L, et al. Exploring relationship between authority leadership and organizational citizenship behavior in China: The role of collectivism [J]. Chinese Management Studies, 2012, 6 (2): 231-244.

[294] NUNNALLY J C, BERNSTEIN I H. Psychometric Theory [M]. 3rd ed. New York: McGraw-Hill, 1994.

[295] O'NEILL T A, MCLARNON M J. Optimizing team conflict dynamics for high performance teamwork [J]. Human Resource Management Review, 2018, 28 (4): 378-394.

[296] OHLY S, KASE R, ŠKERLAVAJ M. Networks for generating and for validating ideas: The social side of creativity [J]. Innovation-Management Policy & Practice, 2010, 12 (1): 41-52.

[297] ÖTKEN A B, CENKCI T. The impact of paternalistic leadership on ethical climate: The moderating role of trust in leader [J]. Journal of Business Ethics, 2012, 108 (4): 525-536.

[298] PELLEGRINI E K, SCANDURA T A. Paternalistic leadership: A review and agenda for future research [J]. Journal of Management, 2008, 34 (3): 566-593.

[299] PERRY-SMITH J E, MANNUCCI P V. From creativity to innovation: The social network drivers of the four phases of the idea journey [J]. Academy of Management Review, 2017, 42 (1): 53-79.

[300] PIERCE J L, KOSTOVA T, DIRKS K T. Toward a theory of psychological ownership in organizations [J]. Academy of Management Review, 2001, 26 (2): 298-310.

[301] PORATH C L, OVERBECK J R, PEARSON C M. Picking up the gauntlet: How individuals respond to status challenges [J]. Journal of Applied Social Psychology, 2008, 38 (7): 1945-1980.

[302] PREACHER K J, ZYPHUR M J, ZHANG Z. A general multilevel SEM

framework for assessing multilevel mediation [J]. Psychological Methods, 2010, 15 (3): 209.

[303] QING T, JUAN I. SANCHEZ. Does paternalistic leadership promote innovative behavior? The interaction between authoritarianism and benevolence [J]. Journal of Applied Social Psychology, 2017, 47 (5): 235-246.

[304] QUINN R E, SPREITZER G M. The road to empowerment: Seven questions every leader should consider [J]. Organizational Dynamics, 1997, 26 (2): 37-49.

[305] RAJU N S, BRAND P A. Determining the significance of correlations corrected for unreliability and range restriction [J]. Applied Psychological Measurement, 2003, 27 (1): 52-71.

[306] REEVE J. Teachers as facilitators: What autonomy-supportive teachers do and why their students benefit [J]. The Elementary School Journal, 2006, 106 (3): 225-236.

[307] RHEE Y W, CHOI J N. Knowledge management behavior and individual creativity: Goal orientations as antecedents and in - group social status as moderating contingency [J]. Journal of Organizational Behavior, 2017, 38 (6): 813-832.

[308] ROBINSON S L, BENNETT R J. A typology of deviant workplace behaviors: A multidimensional scaling study [J]. Academy of Management Journal, 1995, 38 (2): 555-572.

[309] ROSING K, ZACHER H. Individual ambidexterity: the duality of exploration and exploitation and its relationship with innovative performance [J]. European Journal of Work and Organizational Psychology, 2017, 26 (5): 694-709.

[310] ROTHSTEIN H R, SUTTON A J, BORENSTEIN M. Publication Bias in Meta-Analysis: Prevention, Assessment and Adjustments [M]. Hoboken: John Wiley & Sons, 2006.

[311] RUPP D E, THORNTON M A. The Role of Employee Justice Perceptions in Influencing Climate and Culture [M] //SCHNEIDER B, BARBERA K M. The Oxford Handbook of Organizational Climate and Culture. Oxford: Oxford University Press, 2014.

[312] RYAN R M, DECI E L. Self-determination theory and the facilitation of intrinsic motivation, social development, and well-being [J].

American Psychologist, 2000, 55 (1): 68-78.

[313] RYAN R M, DECI E L. Self-determination theory: Basic psychological needs in motivation, development, and wellness [M]. New York: Guilford Publications, 2017.

[314] SCHAUBROECK J M, SHEN Y, CHONG S. A dual-stage moderated mediation model linking authoritarian leadership to follower outcomes [J]. Journal of Applied Psychology, 2017, 102 (2): 203.

[315] SCHUH S C, ZHANG X-A, TIAN P. For the good or the bad? Interactive effects of transformational leadership with moral and authoritarian leadership behaviors [J]. Journal of Business Ethics, 2013, 116 (3): 629-640.

[316] SCOTT S G, BRUCE R A. Determinants of innovative behavior: A path model of individual innovation in the workplace [J]. Academy of Management Journal, 1994, 37 (3): 580-607.

[317] SEO M-G, BARRETT L F, BARTUNEK J M. The role of affective experience in work motivation [J]. Academy of Management Review, 2004, 29 (3): 423-439.

[318] SHALLEY C E, GILSON L L. What leaders need to know: A review of social and contextual factors that can foster or hinder creativity [J]. The Leadership Quarterly, 2004, 15 (1): 33-53.

[319] SHALLEY C E, GILSON L L, BLUM T C. Interactive effects of growth need strength, work context, and job complexity on self-reported creative performance [J]. Academy of Management Journal, 2009, 52 (3): 489-505.

[320] SHALLEY C E, ZHOU J. Organizational creativity research: A historical overview [M] //SHALLEY J Z C E. Handbook of Organizational Creativity. Hillsdale, NJ: Lawrence Erlbaum, 2008: 3-31.

[321] SHALLEY C E, ZHOU J, OLDHAM G R. The effects of personal and contextual characteristics on creativity: Where should we go from here? [J]. Journal of Management, 2004, 30 (6): 933-958.

[322] SHIN S J, ZHOU J. Transformational leadership, conservation, and creativity: Evidence from Korea [J]. Academy of Management Journal, 2003, 46 (6): 703-714.

[323] SIMONS T L, PETERSON R S. Task conflict and relationship conflict in top management teams: the pivotal role of intragroup trust [J].

Journal of Applied Psychology，2000，85（1）：102-111.

[324] SKARLICKI D P，FOLGER R. Retaliation in the workplace：The roles of distributive，procedural，and interactional justice [J]. Journal of Applied Psychology，1997，82（3）：434-443.

[325] SKARLICKI D P，FOLGER R，TESLUK P. Personality as a moderator in the relationship between fairness and retaliation [J]. Academy of Management Journal，1999，42（1）：100-108.

[326] ŠKERLAVAJ M，ČERNE M，DYSVIK A. I get by with a little help from my supervisor：Creative-idea generation，idea implementation，and perceived supervisor support [J]. The Leadership Quarterly，2014，25（5）：987-1000.

[327] ŠKERLAVAJ M，ČERNE M，DYSVIK A，et al. Riding two horses at once：The combined roles of mastery and performance climates in implementing creative ideas [J]. European Management Review，2017，16（2）：285-302.

[328] SLUSS D M，KLIMCHAK M，HOLMES J J. Perceived organizational support as a mediator between relational exchange and organizational identification [J]. Journal of Vocational Behavior，2008，73（3）：457-464.

[329] SOMECH A. Managing conflict in school teams：The impact of task and goal interdependence on conflict management and team effectiveness [J]. Educational Administration Quarterly，2008，44（3）：359-390.

[330] SOMECH A，DRACH-ZAHAVY A. Translating team creativity to innovation implementation：The role of team composition and climate for innovation [J]. Journal of Management，2013，39（3）：684-708.

[331] SPREITZER G M. Psychological empowerment in the workplace：Dimensions，measurement，and validation [J]. Academy of Management Journal，1995，38（5）：1442-1465.

[332] STERNE J A，GAVAGHAN D，EGGER M. Publication and related bias in meta-analysis：power of statistical tests and prevalence in the literature [J]. Journal of Clinical Epidemiology，2000，53（11）：1119-1129.

[333] THIEL C E，HARVEY J，COURTRIGHT S，et al. What Doesn' t Kill

You Makes You Stronger: How Teams Rebound From Early-Stage Relationship Conflict [J]. Journal of Management, 2019, 45 (4): 1623-1659.

[334] TJOSVOLD D, LAW K S, SUN H. Effectiveness of Chinese teams: The role of conflict types and conflict management approaches [J]. Management and Organization Review, 2006, 2 (2): 231-252.

[335] TROYER L, YOUNGREEN R. Conflict and creativity in groups [J]. Journal of Social Issues, 2009, 65 (2): 409-427.

[336] TSUI A S, EGAN T D, O'REILLY C A. Being Different: Relational Demography and Organizational Attachment [J]. Administrative Science Quarterly, 1992, 37 (4): 549-579.

[337] TSUI A S, WANG H, XIN K, et al. "Let a thousand flowers bloom": Variation of leadership styles among Chinese CEOs [J]. Organizational Dynamics, 2004, 33 (1): 5-20.

[338] TYLER T R, LIND E A. A relational model of authority in groups [J]. Advances in Experimental Social Psychology. Elsevier, 1992: 115-191.

[339] VAN SCOTTER J R, MOTOWIDLO S J. Interpersonal facilitation and job dedication as separate facets of contextual performance [J]. Journal of Applied Psychology, 1996, 81 (5): 525-531.

[340] WANG A-C, CHIANG J T-J, CHOU W-J, et al. One definition, different manifestations: Investigating ethical leadership in the Chinese context [J]. Asia Pacific Journal of Management, 2017, 34 (3): 505-535.

[341] WANG A C, CHENG B S. When does benevolent leadership lead to creativity? The moderating role of creative role identity and job autonomy [J]. Journal of Organizational Behavior, 2010, 31 (1): 106-121.

[342] WANG L, CHENG M-Y, WANG S. Carrot or stick? The role of in-group/out-group on the multilevel relationship between authoritarian and differential leadership and employee turnover intention [J]. Journal of Business Ethics, 2018, 152 (4): 1069-1084.

[343] WANG L, HUANG J, CHU X, et al. A multilevel study on antecedents of manager voice in Chinese context [J]. Chinese Management Studies, 2010, 4 (3): 212-230.

[344] WEBSTER J R, BEEHR T A, LOVE K. Extending the challenge-

hindrance model of occupational stress: The role of appraisal [J]. Journal of Vocational Behavior, 2011, 79 (2): 505-516.

[345] WEISS D J, DAWIS R V, ENGLAND G W. Manual for the Minnesota satisfaction questionnaire [J]. Minnesota Studies in Vocational Rehabilitation, 1967.

[346] WELBOURNE T M, JOHNSON D E, EREZ A. The role-based performance scale: Validity analysis of a theory-based measure [J]. Academy of Management Journal, 1998, 41 (5): 540-555.

[347] WEST M A. The social psychology of innovation in groups [M] // Innovation and creativity at work: Psychological and organizational strategies. Oxford, England: John Wiley & Sons, 1990: 309-333.

[348] WEST M A. Sparkling fountains or stagnant ponds: An integrative model of creativity and innovation implementation in work groups [J]. Applied Psychology, 2002, 51 (3): 355-387.

[349] WESTWOOD R. Harmony and patriarchy: The cultural basis for "paternalistic headship" among the overseas Chinese [J]. Organization Studies, 1997, 18 (3): 445-480.

[350] WHITENER E M, BRODT S E, KORSGAARD M A, et al. Managers as initiators of trust: An exchange relationship framework for understanding managerial trustworthy behavior [J]. Academy of Management Review, 1998, 23 (3): 513-530.

[351] WIT F R, GREER L L, JEHN K A. The paradox of intragroup conflict: A meta-analysis [J]. Journal of Applied Psychology, 2012, 97 (2): 360-390.

[352] WU M, HUANG X, CHAN S C. The influencing mechanisms of paternalistic leadership in Mainland China [J]. Asia Pacific Business Review, 2012, 18 (4): 631-648.

[353] WU M, HUANG X, LI C, et al. Perceived interactional justice and trust-in-supervisor as mediators for paternalistic leadership [J]. Management and Organization Review, 2012, 8 (1): 97-121.

[354] WU M, XU E. Paternalistic Leadership: From Here to Where? [M] // HUANG X, BOND M H. Handbook of Chinese Organizational Behavior: Integrating Theory, Research and Practice. Cheltenham, UK: Edward Elgar Publishing, 2012: 449-466.

[355] YAO X, WANG S, DANG J, et al. The role of individualism-

collectivism in the individual creative process [J]. Creativity Research Journal, 2012, 24 (4): 296-303.

[356] ZHANG A Y, TSUI A S, WANG D X. Leadership behaviors and group creativity in Chinese organizations: The role of group processes [J]. The Leadership Quarterly, 2011, 22 (5): 851-862.

[357] ZHANG X, BARTOL K M. Linking empowering leadership and employee creativity: The influence of psychological empowerment, intrinsic motivation, and creative process engagement [J]. Academy of Management Journal, 2010, 53 (1): 107-128.

[358] ZHANG Y, HUAI M-Y, XIE Y-H. Paternalistic leadership and employee voice in China: A dual process model [J]. The Leadership Quarterly, 2015, 26 (1): 25-36.

[359] ZHANG Y, XIE Y-H. Authoritarian leadership and extra-role behaviors: A role-perception perspective [J]. Management and Organization Review, 2017, 13 (1): 147-166.

[360] ZHAO H, SU Q, LOU M, et al. Does authoritarianism necessarily stifle creativity? The role of discipline-focused authoritarian leadership [J]. Frontiers in Psychology, 2022: 6682.

[361] ZHAO H, SU Q, ZHANG L, et al. Understanding the influence of dual authoritarian leadership on employee creativity: The type of leadership and the role of event [J]. Current Psychology, 2022: 1-23.

[362] ZHENG Y, GRAHAM L, FARH J-L, et al. The Impact of Authoritarian Leadership on Ethical Voice: A Moderated Mediation Model of Felt Uncertainty and Leader Benevolence [J]. Journal of Business Ethics, 2021, 170 (1): 133-146.

[363] ZHENG Y, HUANG X, GRAHAM L, et al. Deterrence effects: The role of authoritarian leadership in controlling employee workplace deviance [J]. Management and Organization Review, 2020, 16 (2): 377-404.

[364] ZHOU J. When the presence of creative coworkers is related to creativity: Role of supervisor close monitoring, developmental feedback, and creative personality [J]. Journal of Applied Psychology, 2003, 88 (3): 413-422.

[365] ZHOU J. A model of paternalistic organizational control and group creativity [M] //CHEN Y-R. National Culture and Groups. Bingley:

Emerald Group Publishing Limited，2006：75-94.

[366] ZHOU J，GEORGE J M. When job dissatisfaction leads to creativity：Encouraging the expression of voice [J]. Academy of Management Journal，2001，44（4）：682-696.

[367] ZHOU J，HOEVER I J. Research on workplace creativity：A review and redirection [J]. Annual Review of Organizational Psychology and Organizational Behavior，2014，1（1）：333-359.

索引

威权领导（authoritarian leadership）—2-7，9，11，15，18-21，23，25-54，56，67-70，86-90，94，95，104-108，112，113，120-127

尚严领导（discipline-focused leadership）—3，4，34，36，38，40，47，48，52-54，56-68，70-87，89，90，94-104，107-120，122，123，125

专权领导（dominance-focused leadership）—3，4，34，36，38，40，47，48，52-54，56-68，70-72，74-86，89，90，94-104，107-120，122，123，125

家长式领导（paternalistic leadership）—2-4，7-17，20，25-34，37，120，123

仁慈领导（benevolent leadership）—3，8，9，11-13，15，18-23，26-28，30，31，34，44，46，48，51

德行领导（moral leadership）—3，8，9，12，13，15，18-20，22，24，26-28，30，31，34，51

自我决定理论（self-determination theory）—5，54，55，58-61，67，68，123

自主性工作动机（autonomous motivation）—5，54，55，58，59，61-68，123
控制性工作动机（controlled motivation）—5，54，55，60-64，66-68，123
员工创新行为（employee innovation behavior）—5，6，10，25，48，50，52-54，56-68，122，123
员工建言行为（employee voice）—10，20，22，25，27
组织公民行为（organizational citizenship behavior）—8-14，18-22，25，26，28，44
组织承诺（organizational commitment）—9-14，18，19，21-28，43，44，47
组织创新（organizational innovation）—1，4，29，47，49-51，53，88
领导-成员交换（leader-member exchange ）—48
工作满意度（job satisfaction）—9-14，18-28，43，46-48
社会交换理论（social exchange theory）—11，44，70-77，86
团队创造力（team creativity）—5，6，43，50，51，69-76，79-87，93，122，123
团队任务冲突（team task conflict）—5，70-74，76，77，79-87，123
团队关系冲突（team relationship conflict）—5，70，71，74-87，123
团队互动公平氛围（team interactional justice climate）—70，76-82，84，85
团队绩效趋向目标导向（team performance approach goal orientation）—111-120
团队绩效规避目标导向（team performance avoidance goal orientation）—110-120
双元创新（ambidexterity innovation）—5，50，105-109，118，120，122
探索式创新（exploratory innovation）—5，50，51，105-110，112-120，122，123
利用式创新（exploitative innovation）—6，50，51，105-110，112-120，123
目标导向理论（goal-orientation theory）—106，107
领导信息分享（leader information sharing）—5，90，96-104
创意产生（idea generation）—4-6，50，51，88-104，122，123

创意加工（idea elaboration）—91
创意拥护（idea championing）—91
创意实施（idea implementation）—4-6，50，51，88-93，95-104，122，123

附录 1

企业研究调查问卷（员工评价问卷）

尊敬的女士/先生：

这是一份有关贵单位运作状况的意见调查问卷，主要目的是了解您对各种相关现状的看法，作为未来提升贵单位运作效率的参考。问卷的每一部分都有说明，请仔细阅读说明后再开始作答。

这并不是考试，题目的答案没有所谓的“对或错”，请按照您的实际情况作答。在填答完毕后，将问卷交给施测人员即可。贵单位的所有人员，包括您的领导和同事，都不会看到您所填的答案。问卷回收后会立刻交由电脑进行统计分析，绝不会做个别的处理或披露，您可以放心地如实填答。本项调研包含三个阶段，每次调研间隔为一个月左右，您在回答此次问卷的一个月后将会收到第二阶段的问卷，之后一个月将会收到第三阶段的问卷。该调研对于我们的研究十分重要，恳请您拨冗协助，也谢谢您在百忙之中参与此项研究。

东北财经大学企业研究调研小组

敬上

第一部分　基本资料

1.请在符合您情况的“□”中打对号“√”。

1-1 性别：　□男　□女

1-2 年龄：　□25岁以下　□25~30岁　□31~40岁　□41~50岁
□50岁以上

1-3 教育程度：□初中及以下　□高中及中专　□大专
□本科　□硕士及以上

1-4 任现职年限：□不足1年　□1~3年　□4~10年　□11~20年
□20年以上

1-5 您与现任直属上司共事的时间：
□不足1年　□1~3年　□4~10年　□11~20年　□20年以上

第二部分　研究内容

问卷一　领导行为状况（时点1）

2.这是一份说明您的直属上司领导行为的问卷，每个题目都可以客观地说明贵班组（团队）直属上司的领导行为，请依照过去您与其相处的经验，选择他（她）实际的领导行为与作风，在相应数字上打对号“√”。数字的含义代表行为发生的频率：1.从未发生；2.很少发生；3.有时发生；4.经常发生；5.一直发生。

1.他（她）会督促我的工作进度，要求我全力达成	1	2	3	4	5
2.他（她）要求我严守任务执行的准则	1	2	3	4	5
3.他（她）坚守工作原则，不允许我违背	1	2	3	4	5
4.他（她）要求我的工作绩效一定不能低于预先设定的标准	1	2	3	4	5
5.他（她）要求我遵行组织的核心规范	1	2	3	4	5
6.提前达成工作目标时，他（她）仍会要求我持续提升绩效	1	2	3	4	5

续表

7.他（她）要求我在工作进度发生变化时马上向其报告	1	2	3	4	5
8.他（她）充分掌握我执行工作时的细节	1	2	3	4	5
9.我的表现不如预期时，他（她）也不轻易降低预先设定的标准	1	2	3	4	5
10.他（她）会对我执行工作的情形进行管控	1	2	3	4	5
11.他（她）会贬低我在工作上的贡献	1	2	3	4	5
12.他（她）会看轻我的办事能力	1	2	3	4	5
13.当我当众反对他（她）时，他（她）会很不高兴	1	2	3	4	5
14.他（她）心目中的模范部属必须对他（她）言听计从	1	2	3	4	5
15.他（她）不让我察觉他（她）真正的意图	1	2	3	4	5
16.他（她）不把信息透露给我	1	2	3	4	5
17.他（她）要求我完全服从他（她）的领导	1	2	3	4	5
18.开会时，都照他（她）的意思做最后的决定	1	2	3	4	5

问卷二　班组（团队）运作状况（时点1）

3.下列各题项主要是关于您所在班组（团队）的互动气氛与运作状况，请根据您所在班组（团队）的实际情况，在相应数字上打对号“√”。数字的含义代表：1.完全不同意；2.较不同意；3.中等同意；4.很同意；5.完全同意。

请根据您了解的实际情况进行回答：

1.我的直属上司很有礼貌地对待我们团队成员	1	2	3	4	5
2.我的直属上司对待我们团队成员的方式让我们觉得有尊严	1	2	3	4	5
3.我的直属上司尊重我们团队成员	1	2	3	4	5
4.在对待我们团队成员时，我的直属上司避免给予不当评论及言论	1	2	3	4	5
5.我的直属上司与我们团队成员沟通时非常坦诚	1	2	3	4	5
6.我的直属上司向我们团队成员解释工作步骤时非常详细	1	2	3	4	5

续表

7.对于工作步骤，我的直属上司解释得非常合理	1	2	3	4	5
8.我的直属上司与我们团队成员交流工作细节时非常及时	1	2	3	4	5
9.我的直属上司与我们团队成员沟通时，会根据我们的具体需求作出调整	1	2	3	4	5

问卷三　个人观点陈述（时点2）

4.下列各题项主要是关于您对自己及工作的看法，请在相应数字上打对号“√”。数字的含义代表：1.完全不同意；2.较不同意；3.中等同意；4.很同意；5.完全同意。

请根据您的个人认知进行回答：

1.我非常喜欢这份工作	1	2	3	4	5
2.这份工作能让我获得很多乐趣	1	2	3	4	5
3.这份工作给我带来了很多快乐时刻	1	2	3	4	5
4.我选择这份工作，是因为它能让我达到我的人生目标	1	2	3	4	5
5.这份工作满足了我的职业规划	1	2	3	4	5
6.正在做的工作（任务）与我的价值观相匹配	1	2	3	4	5
7.我要在工作中做得最好，因为我想成为一个“胜者”	1	2	3	4	5
8.我的工作就是我的生活，我不想失败	1	2	3	4	5
9.这份工作与我的名声是有关系的	1	2	3	4	5
10.这份工作使我有了一定的生活水准	1	2	3	4	5
11.这份工作能够让我赚很多钱	1	2	3	4	5
12.我从事这份工作的目的是赚钱	1	2	3	4	5

问卷四　班组（团队）运作状况（时点2）

5.下列各题项主要是关于您所在班组（团队）的互动气氛与运作状况，请根据您的班组（团队）的实际情况，在相应数字上打对号“√”。数字的含义代表：1.完全不同意；2.较不同意；3.中等同意；4.很同意；

5.完全同意。

请根据您了解的实际情况进行回答：

1.我对所在班组（团队）具有情感依附	1	2	3	4	5
2.我对班组（团队）具有强烈的归属感	1	2	3	4	5
3.我感到班组（团队）的问题就像是我自己的问题	1	2	3	4	5
4.我在班组（团队）中感到就像家庭的一员	1	2	3	4	5
5.在班组（团队）中，如果犯了错，往往会受到责备	1	2	3	4	5
6.班组（团队）成员会提出尖锐的问题	1	2	3	4	5
7.班组（团队）成员有时会拒绝别人的不同意见	1	2	3	4	5
8.在班组（团队）中冒风险，是可接受的	1	2	3	4	5
9.向其他班组（团队）成员寻求帮忙比较困难	1	2	3	4	5
10.在班组（团队）中没有人会对我暗中使坏	1	2	3	4	5
11.与班组（团队）成员一起工作，才能体现我的价值和作用	1	2	3	4	5
12.班组（团队）成员会有意见上的冲突	1	2	3	4	5
13.班组（团队）成员经常对工作如何完成有异议	1	2	3	4	5
14.班组（团队）成员经常对进行的工作有意见上的冲突	1	2	3	4	5
15.班组（团队）成员之间会出现一些和工作无关的摩擦	1	2	3	4	5
16.班组（团队）成员在工作过程中经常生气	1	2	3	4	5
17.班组（团队）成员之间有情绪上的冲突	1	2	3	4	5
18.班组（团队）成员相信我们是非常高效的团队	1	2	3	4	5
19.由于我们有些成员想维护自己的主导地位，导致班组（团队）成员间有摩擦冲突发生	1	2	3	4	5
20.班组（团队）成员互相交流想法来分析和解决问题	1	2	3	4	5
21.班组（团队）成员对于其他成员的相对贡献持不同意见	1	2	3	4	5
22.班组（团队）成员对于资源分配存在异议	1	2	3	4	5
23.班组（团队）成员对于工作分配和责任有冲突	1	2	3	4	5

问卷五　个人观点陈述（时点3）

6.下列各题项主要是关于您对自己及工作的看法，请在相应数字后面打上对号“√”。数字的含义说明：1.非常不同意；2.较不同意；3.基本同意；4.很同意；5.非常同意。

请根据您的个人认知进行回答：

1.工作中，我经常会产生一些有创意的点子或想法	1	2	3	4	5
2.我会向同事或领导推销自己的新想法，已获得支持和认可	1	2	3	4	5
3.为了实现我的构想或创意，我会想办法争取所需要的资源	1	2	3	4	5
4.我会积极地制订适当的计划或规划来落实我的创新性构想	1	2	3	4	5
5.为了实现同事的创新性构想，我经常献计献策	1	2	3	4	5

最后，请从头检查问卷是否有漏答的题目。

衷心感谢您对本研究的支持，祝您工作愉快，生活美满！

企业研究调查问卷（领导评价问卷）

尊敬的女士/先生：

这是一份有关贵单位运作状况的意见调查问卷，主要目的是了解您对各种相关现状的看法，作为未来提升贵单位运作效率的参考。问卷的每一部分都有说明，请仔细阅读说明后再开始作答。

这并不是考试，题目的答案没有所谓的“对或错”，请按照您的实际情况作答。在填答完毕后，将问卷交给施测人员即可。贵单位的所有人员，包括您的领导和同事，都不会看到您所填的答案。问卷回收后会立刻交由电脑进行统计分析，绝不会做个别的处理或披露，您可以放心地如实填答。本项调研包含三个阶段，本次调研属于第二阶段，之后一个月您将会收到第三阶段的问卷。该调研对于我们的研究十分重要，恳请您拨冗协助。

请在填答完毕后将信封口以双面胶粘好，以保证信息不会被其他人看到。感谢您参与本次调查。

东北财经大学企业研究调研小组

敬上

第一部分　基本资料

1.请在符合您情况的“□”中打对号“√”。

1-1 性别：　□男　□女

1-2 年龄：　□25岁以下　□25~30岁　□31~40岁　□41~50岁
□50岁以上

1-3 教育程度：□初中及以下　□高中及中专　□大专
□本科　□硕士及以上

1-4 任现职年限：□不足1年　□1~3年　□4~10年　□11~20年
□20年以上

1-5 您与现任直属上司共事的时间：
□不足1年　□1~3年　□4~10年　□11~20年　□20年以上

第二部分　研究内容

问卷一　班组（团队）表现（时点2）

2.下列各题项主要是关于您所在班组（团队）的整体表现，请根据班组（团队）的实际情况，在相应数字上打对号“√”。数字1至5代表:1.完全不同意；2.较不同意；3.中等同意；4.很同意；5.完全同意。

1.本班组（团队）会寻求新的创意和方法来解决问题	1	2	3	4	5
2.本班组（团队）会优先尝试新的想法或方法	1	2	3	4	5
3.本班组（团队）能够在相关领域内产生突破性的创意	1	2	3	4	5
4.本班组（团队）在创造力方面树立了良好的榜样	1	2	3	4	5
5.本班组（团队）能够产生新的应用方式或作业流程	1	2	3	4	5
6.本班组（团队）能够产生新的发明	1	2	3	4	5

最后，请从头检查问卷是否有漏答的题目。

衷心感谢您对本研究的支持，祝您工作愉快，生活美满！

附录 2

企业研究调查问卷（员工评价问卷）

尊敬的先生/女士：

您好！我们是东北财经大学工商管理学院研究团队。为进行学术研究，现需要收集数据进行分析。恳请您在百忙之中填写问卷，问卷的每一部分都有说明，请仔细阅读说明后再开始作答。

这并不是考试，题目的答案没有所谓的“对或错”，请按照您的实际情况作答。在填答完毕后，将问卷交给施测人员即可。贵单位的所有人员，包括您的领导和同事，都不会看到您所填的答案。问卷回收后立刻交由电脑进行统计分析，绝不做个别的处理或披露，您可以放心地如实填答。本项调研包含三个阶段，每次时间间隔为两周左右，该调研对于我们的研究十分重要，恳请您拨冗相助。感谢您参与本次调查。

对此问卷如有任何问题，请随时与我们联系。

东北财经大学企业研究调研小组

敬上

第一部分 基本资料

1.请在符合您情况的“□”中打对号“√”。

1-1 性别： □男 □女

1-2 年龄： □25岁以下 □25~30岁 □31~40岁 □41~50岁 □50岁以上

1-3 教育程度：□初中及以下 □高中及中专 □大专 □本科 □硕士及以上

1-4 任现职年限：□不足1年 □1~3年 □4~10年 □11~20年 □20年以上

1-5 您与现任领导者共事（ ）年。

第二部分 领导行为状况（时点1）

2.下面是关于您的直属上司（领导）行为的问卷，每个题目都可以客观地说明贵部门（团队）直属上司的领导行为，请依照过去您与其相处的经验，回答他（她）实际的领导行为与风格，在相应的数字上打对号“√”。

以下各题项的数字说明：1.从未发生；2.很少发生；3.有时发生；4.经常发生；5.一直发生。

1.他（她）会贬低我在工作上的贡献	1	2	3	4	5
2.他（她）会看轻我的办事能力	1	2	3	4	5
3.当我当众反对他（她）时，他（她）会很不高兴	1	2	3	4	5
4.他（她）心目中的模范部属必须对他（她）言听计从	1	2	3	4	5
5.他（她）不让我察觉他（她）真正的意图	1	2	3	4	5
6.他（她）不把信息透露给我知道	1	2	3	4	5
7.他（她）要求我完全服从他（她）的领导	1	2	3	4	5

续表

8.开会时，都照他（她）的意思做最后的决定	1	2	3	4	5
9.他（她）会督促我的工作进度，要求我全力达成	1	2	3	4	5
10.他（她）要求我严守任务执行的准则	1	2	3	4	5
11.他（她）坚守工作原则，不允许我违背	1	2	3	4	5
12.他（她）要求我遵行组织的核心规范	1	2	3	4	5
13.他（她）要求我的工作绩效一定不能低于预先设定的标准	1	2	3	4	5
14.提前达成工作目标时，他（她）仍会要求我持续提升绩效	1	2	3	4	5
15.他（她）要求我在工作进度发生变化时马上向他（她）报告	1	2	3	4	5
16.他（她）充分掌握我执行工作时的细节	1	2	3	4	5
17.我表现得不如预期时，他（她）也不轻易降低预先设定的标准	1	2	3	4	5
18.他（她）会对我执行工作的情形进行管控	1	2	3	4	5

第三部分　领导行为状况（时点2）

3.下面是关于您的直属上司（领导）行为的问卷，每个题目都可以客观地说明贵部门（团队）直属上司的领导行为，请依照过去您与其相处的实际情况，回答他（她）的领导行为与风格，在相应的数字上打对号“√”。

以下各题项的数字说明：1.完全不同意；2.较不同意；3.中等同意；4.很同意；5.完全同意。

1.他（她）会告诉我为什么工作分配会发生变化	1	2	3	4	5
2.他（她）会告诉我规章制度	1	2	3	4	5
3.他（她）会给我明确的工作指示	1	2	3	4	5
4.他（她）会告诉我未来工作计划	1	2	3	4	5
5.他（她）会告诉我工作安排	1	2	3	4	5
6.他（她）会告诉我工作中的重要事务	1	2	3	4	5

本次问卷调研结束，请从头检查一遍是否有遗漏题项。

请将填答完的问卷放至信封中，并使用双面胶封口，衷心感谢您的认真作答！祝您工作顺利，生活幸福！

企业研究调查问卷（领导评价问卷）

尊敬的女士/先生：

您好！我们是东北财经大学工商管理学院研究团队。为进行学术研究，现需要收集数据进行分析。恳请您在百忙之中填写问卷，问卷的每一部分都有说明，请仔细阅读说明后再开始作答。

这并不是考试，题目的答案没有所谓的“对或错”，请按照您的实际情况作答。在填答完毕后，将问卷交给施测人员即可。贵单位的所有人员，包括您的领导和同事，都不会看到您所填的答案。问卷回收后立刻交由电脑进行统计分析，绝不做个别的处理或披露，您可以放心地如实填答。本项调研包含三个阶段，每次时间间隔为两周左右，该调研对于我们的研究十分重要，恳请您拨冗相助。感谢您参与本次调查。

对此问卷如有任何问题，请随时与我们联系。

东北财经大学企业研究调研小组

敬上

第一部分　基本资料

1.请在符合您情况的“□”中打对号“√”。

1-1 性别：　□男　□女

1-2 年龄：　□25岁以下 □25~30岁 □31~40岁 □41~50岁 □50岁以上

1-3 教育程度：□初中及以下　□高中及中专　□大专学历　□本科学历　□硕士及以上

1-4 任现职年限：

□不足1年 □1~3年 □4~10年 □11~20年 □20年以上

1-5 您成为本团队（部门）领导的年限：

□不足1年 □1~3年 □4~10年 □11~20年 □20年以上

1-6 您与您的直属领导者共事（ ）年。

1-7 您所在公司所属行业：

□房地产 □石油化工 □电子设备 □IT行业 □机械制造 □咨询、金融、服务业 □冶金与能源 □生物医药 □纺织服装 □电器 □其他（请注明）__________

1-8 您所在公司的规模（员工总数）：

□50人以下 □50~100人 □101~200人 □201~500人 □500人以上

第二部分 团队运作状况（时点1）

2.下列各题主要是关于贵团队（部门）的互动氛围与运作状况，请根据贵团队（部门）的实际情况，在相应的数字上打对号“√”。

以下各题项的数字说明：1.完全不同意；2.较不同意；3.中等同意；4.很同意；5.完全同意。

1.本团队（部门）在意能否比其他团队表现得更好	1	2	3	4	5
2.本团队（部门）尽力搞清楚如何向其他团队证明我们的能力	1	2	3	4	5
3.本团队（部门）很高兴其他团队知道我们的事情进展得很顺利	1	2	3	4	5
4.本团队（部门）喜欢那些能向其他团队证明我们能力的任务	1	2	3	4	5
5.如果证实其他团队完不成某项任务，那本团队（部门）会尽力避免去承担此项任务	1	2	3	4	5
6.相较于学习新技能，本团队（部门）更在乎避免出现低绩效	1	2	3	4	5
7.本团队（部门）倾向于避免承担那些可能做不好的任务	1	2	3	4	5
8.本团队（部门）在意承担的任务是否让团队看起来能力不足	1	2	3	4	5

第三部分　团队运作状况（时点2）

3. 下列各题主要是关于贵团队（部门）的互动氛围与运作状况，请根据贵团队（部门）的实际情况，在相应的数字上打对号“√”。

<u>以下各题项的数字说明</u>：1. 完全不同意；2. 较不同意；3. 中等同意；4. 很同意；5. 完全同意。

1. 本团队（部门）提出了与现有产品/服务存在着明显差异的想法	1	2	3	4	5
2. 本团队（部门）提出了突破性的想法——不仅仅是对现有产品（服务）的微小改变	1	2	3	4	5
3. 本团队（部门）发展提升了那些令现有产品（服务）过时的想法	1	2	3	4	5

第四部分　团队运作状况（时点3）

4. 下列各题主要是关于贵团队（部门）的互动氛围与运作状况，请根据贵团队（部门）的实际情况，在相应的数字上打对号“√”。

<u>以下各题项的数字说明</u>：1. 完全不同意；2. 较不同意；3. 中等同意；4. 很同意；5. 完全同意。

1. 我们团队（部门）接受现有产品和服务以外的要求	1	2	3	4	5
2. 我们团队（部门）发明新产品和服务	1	2	3	4	5
3. 我们团队（部门）在本地市场试验新产品和新服务	1	2	3	4	5
4. 我们团队（部门）将全新的产品和服务商业化	1	2	3	4	5
5. 我们团队（部门）经常利用新兴市场上的新机会	1	2	3	4	5
6. 我们团队（部门）定期使用新的分销渠道	1	2	3	4	5
7. 我们团队（部门）经常改进现有产品和服务	1	2	3	4	5
8. 我们团队（部门）定期对现有产品和服务进行小型调整	1	2	3	4	5

续表

9. 我们团队（部门）为本地市场引进现有的，但是有所改良的产品和服务	1	2	3	4	5
10. 我们团队（部门）提高产品和服务的效率	1	2	3	4	5
11. 我们团队（部门）提升现有市场的规模经济	1	2	3	4	5
12. 我们团队（部门）扩展现有的服务内容	1	2	3	4	5
13 我们团队（部门）过去提出的想法得到了进一步的发展	1	2	3	4	5
14. 我们团队（部门）过去提出的想法已转化为可用产品、流程或程序	1	2	3	4	5
15. 我们团队（部门）过去提出的想法已成功进入市场或已在组织中成功实施	1	2	3	4	5

本次问卷调研结束，请从头检查一遍是否有遗漏题项。

请将填答完的问卷放至信封中，并使用双面胶封口，衷心感谢您的认真作答！祝您工作顺利，生活幸福！